Prix : 60 centimes.

AUTEURS CÉLÈBRES

Ernest NOIROT

A TRAVERS
LE FOUTA-DIALLON
ET LE BAMBOUC

(SOUDAN OCCIDENTAL)

PARIS
[LIB]RAIRIE MARPON & FLAMMARION
E. FLAMMARION, ÉDITEUR
26, RUE RACINE, PRÈS L'ODÉON

A TRAVERS
LE FOUTA-DIALLON
ET LE BAMBOUC

(SOUDAN OCCIDENTAL)

ÉMILE COLIN — IMPRIMERIE DE LAGNY

ERNEST NOIROT

A TRAVERS LE FOUTA-DIALLON ET LE BAMBOUC

(SOUDAN OCCIDENTAL)

PARIS
LIBRAIRIE MARPON ET FLAMMARION
E. FLAMMARION, SUCC[r]
26, RUE RACINE, PRÈS L'ODÉON

A TRAVERS
LE FOUTA-DIALLON
ET LE BAMBOUC

INTRODUCTION

En France, et surtout à Paris, les événements se pré-ipitent avec une telle rapidité, que le « Fait du jour » longe dans l'oubli celui de la veille.

Peut-être ne se souvient-on plus qu'au mois de jan-ier 1882, le docteur Bayol et moi amenions à Paris ne ambassade Peulh, envoyée par les souverains du outa-Diallon, pour saluer le Président de la Répu-lique et l'assurer que les traités de bonne amitié et de ommerce passés avec les Français seraient respectés. es envoyés sont restés un mois dans la capitale. Pen-ant un mois, ils ont admiré ses beautés et, de retour ans leur pays, ils font certainement bien souvent à urs amis le récit de leur voyage et leur décrivent les erveilles qu'ils ont vues, tant à Bordeaux et à Paris 'à Marseille. Ils ont dû dire à leurs compatriotes que, loin d'être des anthropophages, les Français sont aimables, bons et généreux.

J'ai eu le bonheur de faire, en compagnie du docteur Bayol, un voyage magnifique à travers le Fouta-Diallon et le Bambouc (Soudan occidental). Pendant six mois, j'ai vécu au milieu des Peulhs et des Malin'kés ; j'ai gardé un excellent souvenir de ces noirs pour qui l'hospitalité est la première des vertus, et parmi lesquels je compte de nombreux amis.

Ce que les ambassadeurs peulhs ont fait à leur retour chez eux, je veux le faire ici : c'est pourquoi j'ai écrit ce livre.

UNE AMBASSADE PEULH AU PAYS DES FRANÇAIS

Avant de commencer le récit de ce voyage, je crois nécessaire et intéressant de rappeler quel fut le résultat immédiat de la mission confiée au docteur Bayol, en consacrant quelques lignes aux Peulhs qui voulurent bien nous accompagner en qualité d'envoyés officiels des souverains de leur pays. Raconter ici quelles furent les impressions que nos mœurs, nos habitudes, notre civilisation, en un mot, firent sur ces noirs, ne sera pas inutile.

L'ambassade du Fouta-Diàllon était composée de quatre membres :

Modi Mahamadou-Saïdou, conseiller de l'Almamy Ibrahima Sory.

Modi Abdoul Bagui, porte-étendard du roi.

Alfa Médina, parent et envoyé de Modi Boubakar Biro, général en chef de l'armée sorya.

Et Modi Ibrahima-Sory, envoyé de Alfa Aguibou, chef du Labé.

Modi Hamadou-Ba, Peulh vivant depuis longtemps au Sénégal, accompagnait cette ambassade en qualité d'interprète.

C'est une grande marque de confiance que nous ont donnée les Almamys Ibrahima Sory et Hamadou, en se décidant à nous faire accompagner par quelques-uns de leurs sujets, comme c'en est une plus grande encore de la part de ceux-ci, qui n'étaient jamais sortis du Fouta, d'avoir consenti à nous suivre. Il fallait vraiment que nous eussions fait tomber, tâche difficile à mener à bien, le sentiment de défiance naturel à tous les noirs.

Avec nous, ces quatre Peulhs ont parcouru la longue route de Timbo à Saint-Louis; avec nous, ils ont traversé le Bambouc, vaste pays qui depuis longtemps était en hostilité avec le Fouta, et telle était la sympathie que nous avions fini par leur inspirer, qu'ils étaient les premiers à assurer aux divers chefs du Bambouc que nous étions d'honnêtes gens, disant toujours la vérité, et que nous ne voulions pas les tromper.

Leur confiance en nous ne se démentit pas lorsqu'ils embarquèrent sur le *Congo*, paquebot des Messageries maritimes, cette *maison flottante*, où selon leur expression pittoresque, on *mange trop ;* et c'était la première fois qu'ils voyaient la mer !

Le second jour de leur embarquement, ils avaient fait connaissance avec tous les passagers ; ils fréquentaient le salon, et Mahamadou-Saïdou, qui avait appris je ne sais où à jouer aux dames, faisait de longues parties avec les passagers ; il gagnait souvent.

A notre arrivée à Bordeaux, le temps était fort doux, et aucun de nos compagnons ne se plaignit du froid. En débarquant, le mouvement du port, et surtout le bruit des voitures les abasourdirent. Complètement ahuris, ils ne prononçaient plus un mot ; mais leur silence en disait long.

Bordeaux laissera certainement un grand souvenir dans l'esprit des Peulhs. En cette ville, ils ont marché de surprise en surprise. Le banquet que leur offrit la Société de Géographie, la musique militaire, la cathédrale, un modeste ballet qu'ils virent au théâtre, tout les stupéfiait. Le ballet, surtout, excita si fort leur enthousiasme, qu'ils rappelèrent trois fois la première danseuse. Les yeux de Mahamadou-Saïdou pétillaient au souvenir des entrechats de cette artiste. Longtemps avec ses camarades, il s'entretint d'elle et tous demandèrent à l'un des rédacteurs de *La Gironde*, qui écrivait l'arabe, de leur donner, à chacun sur une carte séparée, le nom de cette dame. — Ah ! c'est que la danse est en grand honneur dans la société noire !

— Les hommes de Bordeaux, c'est trop bons garçons ! disait Mahamadou-Saïdou.

En chemin de fer leur surprise ne fit que s'accroître. Mais, plus que tout le reste, la locomotive les plongeait dans des étonnements sans fin. Ce fut presque de la terreur qu'ils éprouvèrent en traversant le premier tunnel. Quand on leur eut expliqué qu'afin d'aller plus vite, le chemin de fer passait sous la montagne, leur terreur fit place à l'admiration.

Ils étaient comme éblouis de la rapidité avec laquelle le paysage se déroulait sous leurs yeux ; cependant on ne put jamais les convaincre qu'ils avaient, en aussi peu de temps, parcouru une énorme distance qui leur aurait demandé trois semaines de route.

Un peu avant d'entrer en gare d'Étampes, nos compagnons, harassés par tant d'émotions, s'assoupissaient. Le docteur les réveilla et, pour rendre plus profonde l'impression que leur ferait la grande ville, il leur dit :

— Dans quelques instants nous allons arriver à Paris, la plus belle ville du monde ! Sous peu, vous pourrez être persuadés que nous n'avons pas menti en décrivant les merveilles de notre pays. J'espère que le souvenir que vous garderez de Paris et de ses habitants ne sera pas moins vivant et agréable que celui que nous gardons de l'Almamy et des hommes du Fouta.

Mahamadou-Saïdou, homme d'une grande intelligence, que la supériorité de son jugement avait fait choisir pour conseiller par l'Almamy Ibrahîma, fit au docteur une réponse pleine de sentiment et qui dénotait en même temps une certaine somme d'observations.

A cinq heures du soir, le train entrait en gare.

Pendant leur séjour à Paris, les ambassadeurs ont visité longuement ses monuments, ses théâtres et ses promenades. La hauteur des maisons, la largeur des rues et surtout l'étendue de la ville les stupéfiait. De la barrière du Trône à l'Arc-de-Triomphe, de Montrouge à Montmartre, cette file interminable de maisons et la quantité considérable de voitures et de passants que nous croisions étaient la cause de nombreuses exclamations :

— Allah Cobar ! (Dieu est grand). Beaucoup de Français ! Beaucoup de voitures ! Tu dis : Bordeaux, c'est grande ville ; Bordeaux, c'est comme village. Paris *Missida Mahoudou! Mahoudou!!!* (ville très grande).

Au théâtre de la Porte-Saint-Martin, la *Biche au Bois* et ses lions ; au Châtelet, les *Mille et une Nuits* et sa chasse au tigre ; les ballets ; puis la *Mascotte*, les Folies-Dramatiques et le Cirque furent pour nos voyageurs autant de sujets de plaisir et d'étonnement. Le Cirque surtout les amusa considérablement ; le travail des écuyers, des clowns, des chiens savants les étonnait. Mais ce qui fit sur eux la plus grande impression, ce fut l'Opéra. Je ne sais s'ils ont compris quoi que ce soit à l'ouvrage que l'on représentait — on jouait *Hamlet*, — mais leur attention était captivée par la musique. Ils ne quittaient pas du regard et la mise en scène et les mouvements de l'orchestre. De temps à autre je les entendais dire :

— *Modji! Modji!* (Bien ! Bien !)

Lorsque l'on demandait à Mahamadou-Saïdou ce qu'il avait vu de plus beau, il répondait :

— Opéra !

Sans embarras et sans gaucherie, ils ont fait les visites officielles. En présence de M. le ministre des colonies, de M. le président du conseil, comme en présence de M. le Président de la République, ils n'ont pas été intimidés.

Mais la visite qui leur fit le plus de plaisir, et la plus impatiemment attendue par eux, fut celle qu'ils firent au grand chancelier de la Légion d'honneur.

Les jours précédents, chaque fois que nous montions en voiture, ils demandaient si nous *allions chez Faidherbe!*

C'est que le nom du général jouit d'une popularité considérable dans le Soudan.

Aussi l'entrevue avec le grand chancelier fit-elle beaucoup de plaisir aux envoyés peulhs. Sans l'avoir jamais vu, ils avaient tellement entendu parler de lui qu'il leur semblait revoir un ami absent depuis longtemps. Ils s'informèrent de l'état de sa santé, de madame Faidherbe, comment allaient les enfants, et Mahamadou-Saïdou dit au général :

— On sera trop content au Fouta, parce que nous t'avons vu !

A l'*Hôtel du Louvre*, où ils étaient logés, ils ont reçu nombre de visiteurs ; à chacun d'eux ils demandaient une carte de visite.

Alfa Médina, qui écrivait l'arabe, consignait tous les jours, dans son journal en langue peulh, les impressions de chacun de ses compagnons pour « garder le souvenir des Français. » Il sera peut-être curieux de retrouver un jour au Fouta un manuscrit portant ce titre : « Journal d'un explorateur peulh au pays des Français. »

Mahamadou-Saïdou, qui depuis six mois qu'il était avec nous avait appris suffisamment notre langue pour se faire comprendre, essayait de faire la conversation t, tout en causant, allait quelquefois reconduire les isiteurs jusqu'à l'escalier.

C'était à qui nous complimenterait sur la bonne tenue e nos noirs amis.

Pour les envoyés peulhs, tous les cavaliers, quelle ue fût l'arme à laquelle ils appartenaient, étaient des pahis, et les fantassins des tirailleurs.

En voyant passer un bataillon d'infanterie, Mahama-ou-Saïdou me dit :

— Tout ça c'est les *captifs* du chef des Français ?

— Non, ce sont des soldats, il n'y a pas de captifs hez nous. Tous les Français ayant vingt ans sont sol-ats.

— Oui ! c'est même chose comme *captifs !*

Je n'ai jamais pu faire comprendre à Mahamadou-aïdou que l'état militaire est un devoir qui incombe à ous les citoyens et il resta persuadé que nos soldats taient les captifs du Président de la République.

N'ayant vu que le beau côté de notre société, ces raves gens se sont figuré que tous nous étions riches, t, en particulier, que nous possédions tous des che-aux.

Cependant, ils durent penser que tous les Français 'étaient pas exempts de besoins. Quelle fut leur impres-on en voyant des malheureux venir mendier aux por-ères de la voiture ? Je ne sais. Mais, chaque fois que cas se présentait — et il se renouvela souvent, — ils e disaient : Donne l'*argent au monsieur.* Et chacun 'eux donnait la monnaie qu'il avait sur lui.

Les Peulhs trouvaient la vie de Paris agréable et ils eraient bien restés davantage parmi nous. Mahama-ou-Saïdou me dit un jour :

— Je ferai les affaires du Fouta et de France. J'irai ix mois en France et toujours comme cela, seulement porterai Meta (sa femme préférée) avec moi.

Plusieurs négociants et fabricants de Paris se mirent

à notre disposition pour faire visiter leurs établissements aux envoyés peulhs. Et tel était l'intérêt qu'ils inspiraient, que non seulement on prenait plaisir à leur expliquer ce qu'ils voyaient, mais encore on leur faisait des cadeaux afin qu'ils pussent montrer à leurs compatriotes quelques échantillons de l'industrie française.

Mais tout a un terme et, le 3 février, accompagnés par le docteur Bayol, nos amis noirs prenaient le train de Marseille, où ils allaient embarquer sur un navire qui devait les reconduire jusqu'à la frontière de leur pays. En me serrant une dernière fois la main, ils étaient très émus. De Marseille, je reçus un télégramme en langue peulh exprimant leur reconnaissance et me souhaitant, ainsi qu'à ma mère et à mes frères, bonne santé et prospérité.

I

LE CAP-VERT

Au mois de mars 1881, je reçus ma nomination d'attaché à la mission de Fouta-Diallon, grâce à l'obligeance du docteur Bayol qui en avait la direction. Le docteur emmenait avec lui M. Billet, astronome, chargé de toute la partie scientifique du voyage.

Le dimanche 3 avril, nous étions complètement *parés* pour le départ qui eut lieu à huit heures du soir. Les journaux du matin annonçaient le massacre de la mission Flatters. Ma mère, mes frères et quelques amis, venus à la gare pour me faire leurs adieux, étaient consternés. Chacun pensait à l'événement terrible, devenu le sujet de toutes les conversations, et craignait qu'un sort pareil à celui de la mission Flatters ne nous fût réservé. Enfin, jusqu'à la dernière minute, les souhaits de bon voyage et les recommandations ne nous manquèrent pas.

Le 5 avril, nous prenions passage à bord de l'*Équateur*, paquebot des Messageries maritimes, qui devait nous déposer à Dakar, où nous arrivions le 14 à cinq heures du soir.

En voyant cette terre aride où pousse une végétation rabougrie, quelques baobabs et de rares palmiers, j'éprouvai un sentiment de tristesse et je me demandais quelle désolation avaient dû rencontrer les Dieppois, lorsqu'ils longeaient cette côte d'Afrique, pour qu'ils aient donné le nom de Cap-Vert à la pointe de Dakar.

A peine l'*Équateur* a-t-il jeté l'ancre que de tous côtés les naturels arrivent dans leurs pirogues qui glissent sur la mer avec une rapidité étonnante.

— Dis donc, madame jolie! Mouchié, toi camarade, jette dix sous, ici! Ici!!! Ici!!

La pièce n'a pas touché l'eau que, se bousculant, renversant leurs pirogues, une dizaine de gaillards du plus beau noir piquent des têtes, et la pièce de monnaie n'est pas arrivée au fond qu'elle est déjà repêchée par un négrillon qui la montre aux passagers.

— Belle madame, Mouchié, donne cinq francs, moi passer sous bateau.

Tel est l'amusement des passagers à l'escale de Dakar. Il ne faut jeter à ces messieurs que des pièces d'argent, la monnaie de billon ne les tente pas.

Quelques passagers, pour s'amuser de leur déconvenue, enveloppent un sou dans du papier d'étain et le jettent à la mer. Les bons nègres, croyant que c'est une grosse pièce, se précipitent et se disputent à qui l'aura. Aussi, lorsque l'heureux vainqueur s'aperçoit que l'on s'est joué de lui, il fait une grimace, souvent accompagnée de grossièretés (rares mots de français qu'il connaisse), tandis que ses camarades se moquent de lui et que les passagers s'amusent de toutes ces singeries.

Dès que nous avons mis le pied à terre, le docteur, qui sait quelles difficultés l'on a pour trouver un logement à Dakar, surtout à l'arrivée des bateaux, s'empresse de nous retenir trois chambres à l'*Hôtel de la Marine*, tenu par Mme Genoyer. Tout d'abord, en entrant dans cette maison, on ne sait si c'est un bazar ou un hôtel. C'est l'un et l'autre ; on y vend de tout et fort cher, sans excepter le logement et la nourriture.

Dakar est trop connu aujourd'hui pour nécessiter une description. C'est une ville en formation ; à part les bâtiments de l'administration, une église et la mission, les habitations européennes y sont peu nombreuses.

La ville indigène, composée de cases en paille, n'est pas d'une propreté rigoureuse.

Dès le lendemain de notre arrivée, le docteur s'occupait des engagements de notre personnel et j'installais ma photographie, faisant gratuitement le portrait de messieurs les noirs ; les clients ne me manquaient pas.

Je visitai Gorée, cette île rocheuse, si étroite que l'on se demande comment, avec un castel qui occupe la moitié de sa superficie, la ville peut contenir trois mille habitants.

Ne trouvant pas à Dakar les chevaux qui nous étaient nécessaires, nous allâmes en chercher à Rufisque. Pour faire ce voyage, M. Billet et le docteur montaient deux excellentes mules du train. Quant à moi, j'avais un petit cheval du pays qui préférait de beaucoup l'écurie à la promenade.

Nous devions parcourir une distance de vingt-cinq kilomètres en cheminant sur le sable de la plage. Ne trouvant pas de son goût la brise de mer qu'il recevait *debout*, mon cheval se refusait à prendre une autre allure que le pas et il me fut impossible de suivre mes compagnons que je ne tardai pas à perdre de vue.

La nuit vint rapidement ; suivant une route qui m'était complètement inconnue et obligé par la marée montante de traverser la brousse, je marchais avec difficulté, manquant à chaque instant de me rompre le cou dans quelque ravine. Enfin, me dirigeant sur un feu que je prenais pour un phare, j'atteignis la ville. A quel hôtel étaient descendus mes amis? Je l'ignorais. A tout hasard je me dirigeai vers une maison très éclairée, supposant que c'était une auberge.

J'arrive. Un grand bruit de voix confirme mon opinion. Je hèle le docteur; un : « Ah! le voilà! » poussé par plusieurs voix m'indique que je ne me suis pas trompé; mais on ne m'attendait plus.

A table, où se trouvent une douzaine de personnes, rien que des hommes, le dîner touche à sa fin; toujours persuadé que je suis à l'hôtel, je ne reviens de mon erreur que lorsque le docteur me présente à mon amphitryon, M. Verger, agent principal des diverses factoreries de la maison Maurel et Prom. Les autres convives sont les employés placés sous ses ordres. Je m'excuse d'avoir pris la maison pour une auberge; mais M. Verger me répond que Rufisque n'en ayant pas, l'étranger qui vient se perdre dans ce pays est toujours sûr d'avoir dans la factorerie bon souper et bon gîte.

Rufisque, construite au bord de la mer, est percée de cinq grandes rues perpendiculaires à la plage et de cinq autres transversales. Une épaisse couche de sable fin qui rend la marche difficile y remplace le macadam. Malheureusement cette ville commerçante n'a pas de port. Les navires sont obligés de mouiller en rade, assez loin de la plage, et le transbordement des marchandises s'opère à l'aide de légères embarcations ou de pirogues indigènes, souvent condamnées au repos par les raz-de-marée très fréquents sur cette côte.

Rufisque a un autre inconvénient, bien préjudiciable à sa population. Un marigot (marais) très large entoure la ville; pendant la saison des pluies, ce cloaque fait de Rufisque une île et devient un foyer de fièvres paludéennes dont les Européens souffrent beaucoup.

A Dakar, j'employai mes courts moments de loisir à

ire quelques promenades dans les environs de la ville. 1 de mes endroits préférés était l'anse Bernard, où les roguiers indigènes échouent leurs embarcations. C'est des lieux les plus pittoresques de toute la côte. On y it, dans sa plus simple réalité, la vie des noirs. Ils nt là, raccommodant leurs filets de pêche et les étant ensuite sur des perches pour les faire sécher au leil. D'autres, avec de grands éclats de rire et cette iieté naïve propre à ces grands enfants, organisent de ritables régates et glissent sur la lame avec une rapité extrême, cherchant à se bousculer pour faire charer leurs légers canots.

Des bambins, n'ayant pour tout vêtement qu'une cor-lette pendue au cou, au bout de laquelle se balance 1 mauvais couteau, courent sur la plage, se pourchasnt, se faisant mille niches; tout à coup, changeant idée et de direction, ils piquent une tête dans la mer. ut cela, sous l'œil attentif des mamans qui jacassent ec un bruit étourdissant, comme font les bonnes mmères de nos pays.

On regagne la falaise par les dunes de sables, où l'on fonce jusqu'aux genoux; ce sable, d'une finesse esque impalpable, s'infiltre dans la chaussure, brûle déchire les pieds, tandis que son éblouissante blancieur, encore avivée par l'éclat d'un soleil torride, eugle et vous contraint à fermer les yeux à tout moent.

Le paysage se transforme alors et devient d'une morlle monotonie. C'est à peine si çà et là quelques paliers rabougris agitent leurs feuilles longues et étroites, ii grincent comme des lames de zinc, sous l'effort de brise venant du large. Cette désolation serre le cœur donne à l'Européen nouvellement débarqué une triste iinion du Sénégal. A la vérité, ce n'est là qu'un de ses ultiples aspects et il est des coins où l'œil rencontre 1 spectacle plus agréable.

Au pied de ces dunes, on aperçoit un groupe d'une trentaine de cases. En longeant une palissade de roseaux qui borde le sentier et en se rapprochant de ces cases, on entend un tic tac continu semblable à celui que font les métiers des tisserands.

En effet, ce groupe de cases constitue un village habité par ces travailleurs ; *village des sorciers*, disent les nègres, car chez eux les tisserands ont une haute réputation de sorcellerie.

Comme chez nous, c'est pendant la saison d'hiver (la saison des pluies, dans les pays chauds) que les femmes cardent et filent le coton, qui provient de l'intérieur. A la belle saison, elles le donnent au tisserand qui le prépare en bandelettes d'environ quinze centimètres. Une fois teintes, ces bandelettes sont cousues les unes aux autres et font un pagne : le jupon de ces dames.

Le métier du tisserand noir ne diffère pas sensiblement, dans son ensemble, du métier en usage dans nos campagnes. Il est plus pauvre, plus rudimentaire dans ses parties, voilà tout. Ainsi les courroies qui mettent les bois en mouvement sont remplacées ici par de simples ficelles. Mais, tel quel, il suffit largement à l'industrie et aux besoins du pays.

II

LE RIO-NUNEZ

Avec une grande partie de notre caravane : Hamadou-Ba, notre principal interprète ; le shérif Mohamed-Ben-Nachir, Marocain qui habite le Soudan depuis longtemps et qui doit, par cela même, y faciliter nos relations ; Mahamadi-Bayla, notre chef muletier ; trois chevaux et quatre mulets, le 4 mai, à cinq heures du soir, nous embarquons à bord du *Castor*, aviso à roues, mis à la disposition de la mission.

L'heure du départ arrivée, la planche est retirée, tout le monde a répondu à l'appel.

L'aviso échange des signaux avec la frégate amirale *Pallas* ; il lève l'ancre et prend la direction du Sud.

Six heures sonnent. Sur le point de disparaître, le soleil enflamme les dunes de Dakar. Au milieu de la rade, ainsi qu'une sentinelle avancée, noire comme les filles du pays, immobile, l'élégante carène de la *Pallas* se reflète majestueusement dans les flots. Le *Castor* passe à ranger le navire amiral, honneur auquel nous ne nous attendions pas. Sur le pont de la frégate, la musique joue une marche entraînante. De son balcon, l'amiral Grivel, entouré de son état-major, nous salue courtoisement. Les hommes de l'équipage sont groupés sur le bordage et dans le gréement. Des sabords de leur carré, sur la dunette, les officiers agitent leurs casquettes et nous souhaitent bon voyage.

Déjà nous sommes à plus d'un demi-mille et nous voyons encore ces signes d'adieu. Le soleil s'enfonce dans l'Océan, qu'il transforme en fournaise. Les deux coups de canon réglementaires éclatent sur la *Pallas*, la brise apporte les accents de la *Marseillaise* et, lentement, le pavillon est rentré, salué par notre hymne national !

Le lendemain, à la pointe du jour, nous sommes sur pied. La nuit a été étouffante. M. Billet est indisposé et souffre de la fièvre.

Sur le pont, au pêle-mêle de la veille a succédé l'ordre le plus parfait. Nos Ouolofs, si bruyants d'habitude, sont très calmes. Pour beaucoup d'entre eux, quoique très douce, la mer n'est pas aimable. Sur l'avant, nos animaux amarrés baissent la tête. Le schérif Mohamed ben Nachir et Hamadou-Ba, tous deux assis sur une natte, prennent une tasse de thé et paraissent faire bon ménage.

L'allure flegmatique d'Hamadou fait contraste avec celle du vieillard, qui gesticule beaucoup. De toute petite taille, Mohamed-ben-Nachir a la peau presque blanche ; du reste, il est Marocain : il est vêtu à la mode de son pays ; sa tête, fine et régulière, est coiffée d'un fez rouge qu'entoure un épais turban blanc. Il a les pieds nus qui sont, ainsi que ses mains, d'une finesse remarquable.

Ce descendant du Prophète ne déteste pas la plaisanterie. Passant près de lui, il m'invite à prendre une tasse de thé. Il me fait traduire ses paroles par Hamadou-Ba : « Je serai très heureux au Fouta, c'est un beau pays. » Puis, plaçant les deux poings sur ses pectoraux, il me dit qu'à Timbo toutes les filles sont belles et que, comme formes, elles ne laissent rien à désirer.

Hamadou-Ba, homme d'une assez grande taille, est un Peulh, fils du chef de Coladé, une des provinces du Fouta. Tout jeune, il est venu au Sénégal avec sa mère, il a grandi au milieu des Européens; quoique fervent musulman, il a pris beaucoup de nos habitudes.

Devenu homme, Hamadou-Ba se fit traitant, c'est-à-dire employé de commerce au service des maisons européennes, pour tenir des comptoirs sur les points les plus éloignés de la côte.

Fortement recommandé par plusieurs négociants de Gorée, où il habite, Hamadou-Ba a été présenté au docteur comme un excellent homme, d'une parfaite loyauté. Il parle médiocrement le français, mais il le comprend très bien.

Neuf mois de voyage ensemble m'ont appris à le connaître. Malgré son attitude si tranquille, c'est un garçon violent au delà de toute mesure. Mais je suis heureux de rendre hommage à ses qualités, qu'on ne trouve que fort rarement chez les interprètes noirs.

Complètement Français de cœur, cet Africain a servi les intérêts de notre nation avec beaucoup de dévouement.

Comme interprète de l'ambassade peulh, il est venu avec nous en France. Sur la proposition de M. le ministre du commerce et des colonies, M. le Président de la République a décerné à Hamadou-Ba une médaille d'honneur de première classe en argent.

Une autre personnalité de notre caravane, qui ne manque pas non plus d'originalité, c'est Mahamadi-Bayla, notre chef muletier. Toucouleur du Fouta-Torro, né sur les bords du Sénégal, Mahamadi-Bayla a passé sept ans dans le train d'artillerie de marine. Hautain, fier, aimant plutôt à commander qu'à obéir, il a quitté le train parce qu'on ne le faisait pas brigadier.

Le docteur le connaissait déjà, quand nous le rencontrâmes, flânant dans les rues de Dakar. La tenue de ce personnage sent l'ancien militaire. Il est coiffé d'une haute schéchia, sous laquelle passent quelques courtes nattes de cheveux graisseux ; sa figure d'un beau noir est d'un aspect dur et énergique ; l'œil est légèrement enfoncé ; deux cicatrices de balles, de chaque côté du nez, donnent à son masque un air étrange ; quelques poils d'une barbe très courte et très frisée ornent son menton.

Moitié civil et moitié militaire, son costume se compose d'un pantalon d'artilleur, d'un petit *boubou* qui descend jusqu'à mi-cuisse et d'une redingote noire, usée jusqu'à la corde, cadeau de quelque Européen. Il va pieds nus, une badine à la main, et se cambre de manière à ne pas perdre un pouce de sa belle taille.

Lorsque son engagement fut conclu, il demanda au docteur, puisqu'il était chef muletier, de mettre sur ses manches les galons de brigadier, afin d'avoir de l'autorité sur ses hommes, ce qui lui fut accordé. Deux heures après, les manches de sa redingote étaient ornées de deux galons de laine rouge et Mahamadi-Bayla venait demander au docteur la permission d'aller à Rufisque pour se marier ; en outre, il sollicitait une avance de cinquante francs, afin de donner un acompte sur la dot aux parents de sa future, désirant entrer en ménage de suite, disait-il.

Après deux jours d'une navigation monotone, pendant laquelle M. Billet ne cessa d'avoir la fièvre, le *Castor* mouillait à l'entrée du Rio-Nunez.

Le samedi 7 mai, à midi, nous levons l'ancre. Une heure après, nous entrons dans le Rio-Nunez, qui a six milles de largeur à son embouchure. Malgré l'éloignement de ses bords, la végétation nous paraît superbe.

A mesure que nous avançons, les rives se rapprochent, ce qui nous permet d'admirer cette verdure éternelle. Les palétuviers forment sur les berges une barrière épaisse, d'où émergent les palmiers, les fromagers, les tellis, qui reflètent leurs ramures dans les eaux.

Sur la rive gauche s'étend le pays des Bagas, petite république presque inconnue des Européens. Ces gens paisibles aiment leur solitude et seraient désolés d'être dérangés par des blancs. Ils font peu d'échanges avec les factoreries. De plus, l'inclémence de leur territoire bas et marécageux, où la fièvre règne en permanence, n'engage guère les négociants à y établir des comptoirs. La rive droite est aux Nallous.

A quatre heures, nous passons devant Victoria. Ce petit village, assis sur la rive droite, est la première station commerciale du fleuve. Tout au bord de l'eau, une maisonnette blanche, couverte de tuiles rouges, se détache sur le fond de verdure qui l'entoure.

Le pavillon français flotte sur cette habitation, qui sert de douane. Quelques bâtiments en pierres et en bois abritent les facteurs. De nombreux palmiers se profilent sur le ciel.

Plus haut, nous apercevons sur la rive opposée le village de Katounou, qui, vu du navire, paraît important. Ses cases quadrangulaires en terre, recouvertes d'un toit de chaume, sont spacieuses. Un fromager au tronc colossal, quelques pirogues amarrées dans une crique ombragée qui sert de port au village, complètent un paysage charmant.

La marée, déjà trop descendue, empêche le *Castor* de remonter plus haut et nous mouillons à Kounchouk, en face de *Alicia-Factorerie,* appartenant à M. Mallat.

Les chambres du navire sont devenues inhabitables

et nous couchons tous sur le pont. Pendant la nuit, la rosée a été si abondante qu'au jour nous nous réveillons tout mouillés.

Le docteur, qui a passé la nuit à la factorerie, nous annonce qu'après le déjeuner nous sommes invités à descendre prendre le café : du café du Rio-Nunez.

A l'extérieur, *Alicia-Factorerie*, quoique construite en terre et recouverte en chaume, ne manque pas de cachet. Un escalier de six marches, couvert par un avant-toit, conduit à une vaste vérandah, qui fait le tour de l'habitation et sur laquelle s'ouvrent les appartements. Ces derniers sont vastes et spacieux; l'air y circule librement et l'épaisseur des murs et du toit protège convenablement des rayons du soleil.

La chambre où nous nous trouvons sert de salle à manger et de chambre à coucher à M. Mallat. Une large fenêtre donne sur la vérandah. Une table, quelques chaises, un lit de fer et un petit bahut en constituent le modeste mobilier. Une chambre, où couchent les employés, et une vaste pièce servant de magasin complètent la distribution intérieure de l'habitation.

En échange de boules de caoutchouc, d'arachides, d'amandes, de palmes, de peaux de bœufs ou d'animaux féroces; en un mot, en échange de tous les produits du pays, l'indigène trouve à *Alicia-Factorerie* tout ce qui est nécessaire à ses besoins et à ceux de sa famille : armes, poudre, étoffes légères pour se vêtir, ambre, corail et verroterie, cette bijouterie de clinquant du pays, que le noir achète de préférence pour l'offrir à sa belle.

M. Mallat nous présente un vieillard qui est accroupi dans un coin de la case. Agé d'au moins quatre-vingt-dix ans, complètement édenté, les yeux renfoncés, ce vieillard est coiffé d'un chapeau haut de forme, dont le poil a complètement disparu; un torchon, sorte de blouse de couleur bleue, sale, usée jusqu'à la corde, couvre son corps amaigri; ses pieds sont chaussés de souliers qui, jadis, furent vernis.

— Il s'appelle Matchet-Laïj (nom qui signifie serpette), nous dit M. Mallat; chef des Nallous, il habite ce village; de plus, c'est mon propriétaire. Vous paraissez surpris? C'est cependant la vérité! je suis le locataire de Matchet-Laïj. Il ne faut pas que je sois en retard pour mon terme, sans quoi il ne sortirait pas de la maison avant d'être payé. Outre le prix convenu pour le location, je suis tenu de remplacer ses souliers vernis quand ils sont usés. Tel que vous le voyez, Matchet-Laïj a les deux pieds veufs de leurs petits orteils, et ce sont les souliers vernis qui en sont cause. C'est par suite d'une aventure que je vais vous conter, tout en prenant le café, si vous le voulez bien.

Dans sa jeunesse, — il y a bien longtemps! — Matchet-Laïj était un Don Juan dont la coquetterie et la galanterie étaient proverbiales dans le pays, aussi était-il cité comme le plus grand mauvais sujet du fleuve. Un jour qu'un traitant, établi dans son village, lui avait fait cadeau d'une paire de souliers vernis, il se hâta de les mettre, pressé qu'il était de faire *faraud*, comme disent les noirs. Avec beaucoup de peine, il avait chaussé un pied; mais l'autre, jaloux de sa liberté, était plus rébarbatif. C'était le petit orteil qui, paraît-il, refusait absolument d'entrer.

Tenant à être bien chaussé, il n'hésita pas, et, prenant un rasoir, il abattit le petit doigt récalcitrant. La douleur lui donna la fièvre et le força de se coucher. Très abattu, il ne tarda pas à s'endormir; pendant son sommeil, l'esclave favori (les Nallous ont des esclaves), entrant dans la case, resta stupéfait en voyant qu'il manquait un doigt à l'un des pieds de son maître, quand l'autre était au complet. Grand amateur de la symétrie, sans doute, et croyant remplir son devoir, ce captif dévoué prit le rasoir et, prestement, rétablit l'équilibre. Poussant un cri, Matchet-Laïj se réveilla, mais il était trop tard... Les deux victimes gisaient à terre.

Au bout de quelques jours les plaies se cicatrisèrent et, à sa grande joie, Matchet-Laïj put chausser ses souliers vernis.

Qu'en résulta-t-il? Je ne sais! Probablement, les souliers vernis, faisant l'office de miroir, attirèrent les beautés du pays, comme des alouettes, et c'est ce qui fit au jeune chef cette réputation dont on garde le souvenir dans le Rio-Nunez... Mais tout s'use, les souliers eurent le sort commun et il fallut les remplacer. Le locataire d'alors se chargea de ce soin et, depuis, une convention passée entre le chef de Kountchouck et son locataire oblige ce dernier à pourvoir au remplacement des chaussures usées.

Pendant ce récit, qui n'étonnera pas ceux qui connaissent les noirs, le vieux Matchet-Laïj, toujours accroupi dans son coin, voyant de temps à autre nos yeux se diriger sur lui, souriait malicieusement. M. Mallat lui dit qu'il venait de nous conter l'histoire de ses chaussures. Le vieux chef agita la tête, en signe d'approbation, et, afin de nous convaincre, retira ses souliers pour nous montrer les pièces à conviction.

Bon musulman, paraît-il, le vieux Matchet-Laïj n'a trouvé qu'un avantage dans le voisinage des blancs, c'est qu'ils ont apporté des coqs, dont le chant matinal le réveille de bonne heure pour faire *Salam*.

Je n'ai jamais bu de meilleur café que celui que nous venons de savourer. Connu sous le nom de café du Rio-Nunez, c'est de l'intérieur qu'il est apporté à Boké et dans les comptoirs de la rivière. Il paraît qu'au Sénégal ce café coûte très cher et que l'on n'a pas la certitude de l'avoir sans mélange.

Quelques pieds de vigne du Soudan poussent dans la cour de la factorerie. M. Mallat n'a jamais essayé d'en tirer parti.

La marée montante permettant au navire de continuer sa route, nous regagnons le bord et : machine en avant!

Le fleuve se rétrécit de plus en plus. Toujours la même végétation. De temps à autre, les rives déboisées nous permettent de voir des champs fort bien cultivés. Successivement, nous passons devant Gama-Saint-Jean, importante factorerie située sur la rive gauche; trois milles plus haut, nous passons encore devant une factorerie, située près du village de Canopié, résidence de Youra, roi des Nallous. Enfin, nous mouillons devant Bel-Air, village de la rive droite. Le tonnage de *Castor* ne lui permet pas de monter plus haut, et nous allons être obligés de continuer notre route, soit par terre, soit par eau, jusqu'à Boké.

Bel-Air est un petit village indigène, qui doit son importance à deux grandes factoreries, construites complètement en pierre; l'une appartient à la maison Verminck, l'autre à la maison Blanchard. Une superbe forêt de palmiers entoure le village.

Dans une des cases de cette station commerciale, je vis un des plus beaux spécimens de l'art nègre, une poupée sculptée dans un morceau d'ébène. Deux clous de cuivre plantés au milieu de la tête remplaçaient les yeux de cette statue et deux protubérances énormes sur la poitrine indiquaient que l'artiste avait voulu représenter une femme. Je demandai à une superbe négresse couleur chocolat, propriétaire de cette œuvre d'art, de bien vouloir me la céder; avec force gestes, elle me fit comprendre qu'elle refusait : la statue était un fétiche!

Le lundi 9 mai, à midi, M. Billet, Hamadou-Ba, le chérif et moi, nous nous embarquons dans un sampan (sorte de gondole avec une cabine à l'arrière). Six vigoureux noirs sont au banc des rameurs. Laissant le docteur, qui avec notre cavalerie se rendra à Boké par terre, nous partons suivant notre flottille de chalands déjà en route.

Après cinq heures de navigation, pendant lesquelles nos rameurs noirs, chantant un refrain monotone pour s'exciter, n'ont pas lâché les avirons, nous stoppons au pied de la colline où est assis le poste fortifié de Boké, point extrême de nos possessions du Rio-Nunez, qui marque la dernière étape de notre civilisation.

III

BOKÉ

Je crois intéressant de placer ici une longue lettre datée de Boké, adressée à mon ami le docteur Paul Labarthe. Ecrite sur l'impression du moment, elle vaudra mieux qu'un récit fait de souvenir. La voici :

« Poste de Boké (Rio-Nunez), 17 mai,
quatre heures du matin.

Encore quelques heures et notre mission, au complet cette fois, quittera Boké pour l'inconnu. Je viens de passer cette dernière nuit à mettre en ordre mes bagages et à écrire quelques lettres, que le commandant veut bien se charger de faire parvenir à leur adresse. J'ai fait un agréable séjour à Boké, c'est pourquoi je te donne les détails suivants :

Nous sommes arrivés à Boké, le 9 mai, au soir. Dès le lendemain, chacun de nous s'est mis à la besogne, afin de partir avant les grandes pluies. Voulant avoir le plus de chances possibles de succès, le docteur Bayol a demandé à M. Marius Moustier, chef de la factorerie Verminck, s'il voulait bien faire partie de notre mission. M. Moustier a accepté. Nous en sommes très heureux, car, habitant Boké depuis neuf ans, il est en rapport avec beaucoup d'indigènes de l'intérieur qui viennent faire des échanges à sa factorerie.

Tu ne peux, cher ami, te faire une idée de la quantité et de la diversité des marchandises nécessaires pour un voyage semblable. Aux burnous, écharpes, coraux, ambres, armes, que nous avons emportés de France, il faut joindre des cotonnades bleues et blanches, des indiennes, des verroteries, de la coutellerie, des aiguilles, des boutons, etc., et enfin de l'argent monnayé. Nous avons cinq mille francs en pièces de cinq, de deux, et de un franc, de cinquante et de vingt centimes. Ajoute à toute cette pacotille nos bagages particuliers, la cantine de cuisine, les instruments d'astronomie et de photographie, la pharmacie, nos provisions de vivres conservés (25 caisses) et rends-toi compte du personnel qu'il faut adjoindre à nos quatre mulets pour porter cela.

La saison des pluies, dans laquelle nous entrons, rend le recrutement très difficile. Cependant nous avons tout notre monde. Aux Ouolofs que nous avons pris à Dakar et qui forment notre garde du corps, nous ajoutons dix Landoumans, vingt Foulahs, quinze Kraomans, deux interprètes : Alfa Oumarou et Master Rider, trois guides, deux bergers chargés de conduire quatre petits bœufs, l'envoyé du roi des Nallous : Bou-Bakar et son domestique ; enfin, avec deux femmes qui accompagnent leurs maris, nous formons une caravane de cent vingt personnes, quatre chevaux et quatre mulets.

Malgré tout ce monde, nous sommes obligés de laisser tentes, hamacs et vivres trop encombrants.

La répétition du départ a eu lieu; je crois que cela marchera très bien.

Pendant que ces messieurs se sont occupés de l'installation, j'ai fait de la photographie. Malheureusement mes efforts n'ont pas été couronnés de succès, j'ai eu moins de chance qu'à Dakar. La forte chaleur qu'il fait ici, 37°, a détruit tous mes clichés, sauf une douzaine que j'ai pu sauver, un jour où une pluie torrentielle avait considérablement rafraîchi l'atmosphère.

— Je crois t'avoir dit, dans mon précédent courrier, qu'un shérif, Mohamed-Ben-Nachir, devait nous accompagner et faciliter notre marche dans l'intérieur. C'est un farceur qui s'est joué de nous! Maintenant qu'il est à Boké, il prétend qu'il est trop vieux pour nous accompagner et qu'il ne pourrait supporter les fatigues d'un voyage pendant la saison des pluies.

J'ai recueilli des renseignements sur les mœurs des habitants de Boké, appelé aussi Kakandy, qui est le centre d'un tout petit Etat habité par les Landoumans. Sarah, le roi de cette nation, y a établi sa résidence. Bien que n'ayant rien d'une capitale, ce village n'en est pas moins un point commercial important. Construit sur le versant d'une colline, au point extrême du Rio-Nunez navigable et au confluent de ce fleuve avec le Batafon, ruisseau très ombragé, Boké, jouissant d'un climat relativement salubre, était tout indiqué aux négociants européens, qui allaient au-devant des producteurs, comme station où les transactions devaient être avantageuses.

Il y a longtemps déjà que les blancs échangent les productions européennes contre le caoutchouc, les amandes de palmes, les arachides, le sésame, les peaux, l'ivoire, le café et l'or, que les habitants de l'intérieur apportent de très loin.

Tout n'était pas rose, pour ces négociants vivant au milieu d'une population demi sauvage, qui ne trouvait d'avantageux dans le voisinage des blancs que les liqueurs fortes qu'ils leur fournissaient. Souvent un négociant était battu, son magasin pillé et ruiné, il n'avait plus qu'à quitter le pays.

Ce fut pour faire cesser cet état de choses, dont plusieurs de nos nationaux avaient été victimes, que le général Faidherbe, alors gouverneur du Sénégal, songea à élever à Boké un poste fortifié.

Aujourd'hui, Boké est devenu une résidence presque agréable. Au blockhauss primitif on a adjoint un pavillon à un étage, qui sert d'habitation aux officiers. Une autre construction, n'ayant qu'un rez-de-chaussée, abrite les sous-officiers et les soldats européens. Le blockhauss sert de caserne aux tirailleurs indigènes célibataires et deux chambres sont réservées aux étrangers de passage.

Les cuisines, la prison, les magasins, le parc aux bestiaux, complètent l'ensemble du fort qui est entouré de fossés.

C'est vraiment un plaisir pour le Francais qui remonte le Rio-Nunez de voir, au dernier détour du fleuve, flotter notre drapeau sur cette coquette maison blanche qui domine la rivière.

Une route assez rapide, traversant un jardin très soigné, planté sur le flanc de la colline, conduit à l'entrée du fort. Au milieu de la cour, ornée d'orangers et de citronniers, une pyramide quadrangulaire est élevée à la mémoire du voyageur René Caillé. Deux plaques de bronze, scellées sur deux des faces du monument, portent ces inscriptions :

« Parti de ce lieu le 19 avril 1827, René Caillé arriva » le 7 septembre 1828 à Tanger, après avoir passé à » Tombouctou.

» Sous le règne de Sa Majesté Napoléon III, M. le » marquis de Chasseloup-Laubat étant ministre de la » marine et des colonies, et M. le général Faidherbe,

» gouverneur du Sénégal et dépendances, ce monu-
» ment a été élevé à la mémoire de l'illustre voyageur
» René Caillé. »

Deux pièces de quatre sur les glacis, un vieux canon en fonte absolument hors d'usage et qui inspire cependant une vive terreur aux habitants, voilà toute l'artillerie du fort.

Des glacis du poste, la vue est très belle. En regardant le couchant, aussi loin que la vue peut s'étendre, on suit les nombreux détours du Rio-Nunez qui court vers la mer au milieu des magnificences de la végétation toujours verte, toujours fleurie ! Du côté de l'Est, la vue s'étend sur le plateau du mont Saint-Jean et s'arrête sur la forêt qui borne l'horizon.

Non loin du poste, dans un fouillis de bananiers et de fromagers, on aperçoit le sommet des cases, une vingtaine, qui forment le village habité par les tirailleurs indigènes mariés.

Le poste et la factorerie Verminck sont les seuls bâtiments construits à l'européenne. Quelques autres factoreries moins importantes, bâties sur le bord du fleuve, sont construites soit en argile, soit en bois. De nombreuses cases rondes, semées çà et là, sans symétrie, constituent le pittoresque village de Boké, que tu connais maintenant aussi bien que moi.

Mercredi dernier, le 11 mai, nous avons eu la première tornade. Ah ! mon ami, selon l'exclamation célèbre : que d'eau ! Pendant deux heures ce fut un vrai déluge ; la pluie tombait en colonnes grosses comme le petit doigt. Il paraît que le moins qui puisse nous arriver, c'est de recevoir une averse pareille tous les jours pendant sept mois. C'est engageant. Pour changer, jeudi et vendredi nous avons eu la pluie toute la journée. Ce n'est pas désagréable, quand l'on est abrité ; la température est moins pénible.

En compagnie de M. Keffer, le médecin du poste, j'ai

fait quelques promenades dans les environs. J'ai été péniblement impressionné en voyant, au milieu de la plaine, quelques pierres tombales à moitié enfouies sous la terre : c'est le cimetière des blancs.

Deux médecins, un officier, quelques négociants dorment là du dernier sommeil. Mais dire sous quelle pierre chacun repose est impossible; pas la moindre inscription ! Ayant demandé au docteur comment les noirs enterrent leurs morts, il me conduisit à un cimetière indigène. Sur le bord du chemin quelques tumulus chargés de pierres et d'épines, pour protéger les cadavres contre les animaux féroces, et c'est tout. Une fosse à moitié défoncée laisse voir des débris de cadavres; cela sent bien mauvais.

Pour enterrer leurs morts, les Landoumans creusent une fosse de deux ou trois pieds de profondeur, étalent au fond un lit de cailloux, couchent le cadavre dessus, puis, afin de l'isoler, posent des traverses faites de branches d'arbres tout le long de la fosse, et recouvrent avec la terre sortie du trou. Il arrive que pendant la saison des pluies, la terre s'effondre, et parfois une partie du cadavre est à découvert.

Longeant au retour un petit bois charmant, je m'enfonce dans les taillis à la poursuite d'un engoulevent. J'arrive au milieu d'un vaste berceau de verdure où la végétation est si touffue que le soleil y pénètre à peine. Tout autour de la place des petits morceaux de bois façonnés, des queues de mouton, des cornes de chèvre, sont accrochés aux branches. Au pied d'un énorme fromager, quatre tams-tams (tambourins faits d'un tronc d'arbre creusé et recouvert d'une peau de bœuf) sont déposés.

Surpris, j'appelle le docteur qui me dit : « Nous sommes dans le bois sacré des *Simos;* il faut décamper au plus vite, car si les sectateurs de cette religion nous surprenaient, ils nous feraient un mauvais parti. » Il paraît même que tout profane surpris dans le bois sacré est mis à mort!...

Les Landoumans sont généralement fétichistes; peu d'entre eux professent la religion musulmane. Aussi le vin de palme, les liqueurs fortes sont en grand honneur dans la contrée, où il n'est pas rare de rencontrer des pochards.

Les *Simos* forment l'une des nombreuses sectes religieuses du pays, et la plus importante. C'est une sorte de franc-maçonnerie, dont le grand-maître porte le nom de la société : *Simos*. Il est à la fois juge et législateur. Les initiés et même les profanes ont pour lui une grande vénération. Il habite au milieu des bois et, quand il est appelé pour des initiations, il ne se montre que déguisé avec des peaux de bêtes, ou couvert de branches d'arbre de la tête aux pieds. Il annonce sa présence par des hurlements et, seuls, les initiés peuvent le regarder. Les profanes croient qu'ils mourraient immédiatement, si leurs yeux se reposaient sur le *Simos*. Les initiations n'ont lieu que deux ou trois fois par an. Les candidats doivent avoir de douze à treize ans.

Les parents qui désirent faire initier leurs enfants aux mystères du *Simos* avertissent le grand chef qui, déguisé, se rend à l'endroit indiqué, pour circoncire les nouveaux venus. A cette occasion a lieu une grande fête qui dure plusieurs jours et dont les parents font tous les frais. Les fêtes terminées, le *Simos* emmène ses adeptes au milieu des bois, où ils restent de sept à huit années, temps nécessaire à leur éducation. Ils vont presque nus, habitent de petites huttes et vivent dans l'oisiveté la plus complète, avec les présents faits au grand maître.

Quand le *Simos* ou ses initiés rencontrent un homme dans les bois, ils lui demandent le mot de passe; s'il répond juste, ils le laissent passer; dans le cas contraire, ils le frappent à coup de fouet ou de bâton et l'emmènent avec eux ; s'il veut recouvrer sa liberté, il doi payer rançon.

Les *Simos* ne brillent pas par la galanterie. S'ils ren contrent une femme profane, ils la battent tellemen que parfois mort s'ensuit.

Au bout des huit années consacrées aux études (j n'ai pu avoir aucun renseignement sur ces fameuse études), si les parents veulent reprendre leur enfant ils envoient des pagnes neufs, une ceinture garnie d petits grelots de cuivre pour le jeune homme, et de liqueurs fortes, du tabac, des étoffes pour le gran chef. Le jour où a lieu la fête du retour dans la famille le *Simos* annonce par des hurlements qu'il sera visibl pour tout le monde. Ses adeptes soufflent dans de cornes de bœuf et font un vacarme effrayant.

Tous les initiés, parés de leurs plus beaux vêtements vont, musique en tête, chercher le grand maître au milieu des bois ; il est amené au village en grande pompe. Les tams-tams résonnent, les chants retentissent, les battements de main éclatent ; puis, comme aucune fête n'est complète s'il n'y a banquet, on tue moutons, bœufs, etc. Le vin de palme coule à flots, les liqueurs fortes circulent, on chante et tout le monde est content.

En récompense du beau cadeau que la famille de l'adepte lui a fait, le grand chef donne à son élève un long pieu en bois, où flotte un lambeau d'étoffe. Ce précieux talisman préservera l'initié de toutes les calamités : planté devant sa porte, il mettra en fuite les voleurs, guérira toutes les maladies et, quand l'adepte aura du chagrin, il n'aura qu'à invoquer son *Simos* pour faire tomber toutes les difficultés.

Sous le rapport de la superstition, les Landoumans n'ont rien à nous envier et les grands-prêtres de Boké en tirent de gros bénéfices.

Malgré toutes ces cérémonies grotesques, je suis porté

à croire que cette secte est guidée par des sentiments plus grands et plus nobles qu'on ne pourrait croire. Je tiens de la personne qui m'a donné ces renseignements que les captifs qui se réfugiaient chez le *Simos* étaient initiés et cessaient d'être esclaves.

J'ai eu l'honneur, ces jours passés, de déjeuner avec Dinah, fils de Youra, roi des Nallous. Cet aimable prince, que j'avais déjà entrevu à bord du *Castor*, est venu faire visite au nouveau commandant, qui l'a retenu à déjeuner. J'ai été surpris de la bonne tenue de ce moricaud. Il joue de la serviette, du couteau et de la fourchette comme un gentleman. Il se mouche dans un mouchoir! Fervent Musulman, il ne boit que de l'eau; par conséquent, il ne se grise pas; de plus, il a sur nous cette grande supériorité qu'il peut manger avec ses doigts, et proprement, ce dont je défie un blanc. Très familière, son Altesse, en me tutoyant, me dit : — Ta mère va bien? — Parfaitement.

Il y a deux jours, Bayol reçut un billet ainsi conçu :

« Monsieur Boucher invite monsieur le docteur Bayol et ses employés (*sic*) à assister au tam-tam qu'il donne ce soir. »

Après dîner, nous nous rendîmes à l'invitation de ce négociant. Déjà la fête était commencée et le bruit des *tams-tams*, le chant des femmes appelaient les retardataires.

M. Boucher nous fit asseoir autour d'une table chargée de rafraîchissements. Dans un vaste cercle formé par la population, toujours avide de ces spectacles, un grand feu de paille que l'on alimentait sans cesse éclairait la scène.

A notre arrivée, la danse cessa un instant. Était-ce l'émotion que causait à ces vierges noires la venue des visages pâles? Non. C'était par respect pour le commandant qui, dans ces pays, jouit d'un pouvoir absolu.

Deux musiciens, si toutefois des tambours sont des musiciens, sont accroupis près du foyer.

Quatre jeunes filles du plus beau noir, si légèrement vêtues que mieux vaut dire qu'elles ne le sont pas, nous donnent l'impression de superbes statues de bronze.

Si court qu'il soit, le pittoresque costume des danseuses Landoumans mérite une description.

Un madras, négligemment noué sur la tête, enveloppe les cheveux. Un petit masque, tressé en perles de couleur, cache le front et les yeux.

Des colliers de perles diverses, de coraux, de boules d'ambre, où pendent des *grigris*, entourent le cou. Quatre à cinq colliers de perles blanches en faïence entourent la chute des reins et retiennent un petit tablier en perles de couleur, garni de petits grelots.

Quelques tresses de coton noir, portant à leur extrémité une sonnette en cuivre, sont attachées à la ceinture et pendent jusqu'aux genoux.

Des bracelets en argent, en fer ou en perles, selon la fortune de la danseuse, ornent les bras et les chevilles et complètent ce costume aussi original que succinct.

Les tambourins, les chants, les battements de main retentissent de nouveau. Une des quatre danseuses se détache du groupe et, abaissant son masque sur les yeux, elle pose un genou en terre et salue les musiciens. Se relevant par un mouvement brusque, la danseuse rejette ses bras en arrière, agite fébrilement ses mains, glisse lentement en parcourant le diamètre du cercle. Ses pieds ne quittent pas le sol, un tremblement général agite son corps; ses mains se crispent, quand la batterie des tambourins redouble d'intensité; son torse se déhanche, frémit, ses bras se nouent sur sa tête...

La jeune vierge a dansé. Le corps ruisselant de sueur elle regagne sa place et, aussi aisément que si elle buvait de l'eau, elle avale un grand verre de genièvre.

La danse continue. Une autre jeune fille, aux traits presque européens, aux formes sculpturales, entre en scène. C'est toujours le même pas. Suivant le conseil de mon voisin, je pose ma coiffure sur la tête de cette danseuse. Alors son pas devient vertigineux. Il paraît que c'est un grand honneur, pour une danseuse, d'être ainsi coiffée par un homme.

La danse terminée, cette jeune personne vient à moi, pose un genou à terre et me rend mon chapeau. Admirant cette beauté brune comme la nuit, je lui prends la main pour la relever...

Pouah ! elle sent le rance !

La fête ne devant se terminer qu'à une heure très avancée, nous prenons congé de ces vierges Landoumans, dont la danse, pour me servir de l'appréciation de Bayol, est pudiquement lascive.

Tu vois, cher ami, que j'ai fait un agréable séjour à Boké. J'en aurais encore long à te conter, mais le temps me manque et puis, dans la suite, j'aurai d'autres sujets d'étude peut-être plus intéressants...

IV

MAUVAIS PRÉSAGES

Le mardi 17 mai, à six heures du matin, au grand complet, la mission est réunie dans la vaste cour de la factorerie Verminck.

Les mulets sont chargés, les chevaux sellés. Chacun essaie de reconnaître sa charge.

— Cette charge est à moi.

— Non!

— Si!

— Non! etc.

C'est un tohu-bohu indescriptible.

A l'instant du départ, un essaim d'abeilles, qui s'abat dans la cour, met le comble au désordre. La plupart de ces noirs, douillets comme des jeunes filles, se sauvent de tous côtés. Plusieurs, qui sont piqués, rentrent chez eux; impossible de les rallier et quatorze charges restent sans porteurs.

A sept heures, sachant que les noirs ne sont jamais pressés de partir et ne voulant pas compromettre le départ, le docteur Bayol monte à cheval et ouvre la marche.

Quand nous passons devant le poste, qui salue de deux coups de canon le pavillon de la mission, le commandant, le médecin et toute la garnison nous serrent une dernière fois la main.

Suivant la direction de l'Est, nous ne tardons pas à entrer dans la forêt, que nous ne quitterons plus qu'à de rares intervalles. Notre caravane n'a rien d'une colonne; marchant en désordre, nous tenons une longueur de trois kilomètres.

Il est vrai que le sentier est étroit et rocheux, embarrassé de racines, d'arbres renversés, ce qui rend la marche difficile. A chaque instant il faut, à l'aide de la hache et du sabre d'abatis, élargir le chemin afin de permettre aux mulets de passer.

Les Ouolofs, qui n'ont pas l'habitude de porter sur la tête et qui habitent un pays où il n'y a que du sable, trouvent les roches ferrugineuses peu de leur goût; ils murmurent et s'arrêtent à chaque instant. Les autres porteurs, Kraomans, Landoumans et Peuhls, marchent sans se plaindre. S'ils n'ont pas plus que le poids réglementaire sur la tête, la nature du sol leur importe peu, ils ont l'habitude des roches; aussi se moquent-ils des Ouolofs qui font piteuse mine.

La façon de marcher de ces gens qui font métier de porteurs, est assez curieuse. Ayant assujetti leur charge dans une grosse corbeille, étroite et longue, faite avec des lianes de la brousse, tenant à la main un bâton en bambou de leur taille, la charge bien assise sur leur tête, les porteurs courent pendant un quart d'heure environ et, avisant un arbre au tronc peu élevé et fourchu, ils y posent leur ballot en équilibre et le soutiennent avec leur bâton. De cette façon, lorsqu'ils se remettent en route, ils n'ont besoin d'aucun secours pour se recharger. Tout le long du sentier, à droite ou à gauche, on rencontre des arbres, à l'écorce usée, qui servent de chèvre-à-porteur.

A midi, par une chaleur de 37° centigrades, après avoir traversé d'épais taillis, des plaines dénudées, semées de pierres ferrugineuses, franchi à gué deux cours d'eau assez larges, je rejoins le docteur, qui, arrivé depuis une heure à la station, a fait installer le campement.

Contre notre attente, il n'y a pas la moindre trace de village à Bantam-Koutou. C'est une clairière qui tire son nom d'un énorme fromager (bombax Binténier), sur lequel le tonnerre est déjà tombé deux fois ; un petit torrent coule au pied du binténier.

Bantam-Koutou signifie Binténier du tonnerre.

Le voyage s'annonce mal. M. Billet, en proie à un violent accès de fièvre, est étendu à l'ombre d'un gourbi dressé à la hâte. Il prévoit qu'il ne pourra supporter les fatigues de la route et demande à rentrer en France. Comme M. Billet est chargé de la partie scientifique de la mission, ses services nous feront grand défaut. Mais il n'y a pas à hésiter, sa forte constitution n'est pas faite pour ces chauds climats. Son départ est décidé et demain, avant le jour, escorté de trois hommes, il retournera à Böké (1).

Au passage d'un ruisseau, appelé Oré-Maoba, l'embarras de la rive opposée nous contraint à décharger les mulets. Celui qui porte mon bagage photographique ne peut franchir ce passage et tombe pour ne plus se relever.

Pourtant, si la route nous semble pénible, pour les

(1) De retour en France, M. Billet fut attaché, en qualité d'astronome, à la mission du docteur Crevaux, chargée d'explorer le rio de La Plata. La mission, on le sait, fut complètement massacrée par les Indiens Tobas.

ndigènes ce n'est qu'un jeu. Un homme, parti de Boké à dix heures, est arrivé ici à midi. Il nous apporte quelques pains qui nous font grand plaisir, car notre cuisine n'est pas encore installée.

Les Ouolofs, qui décidément sont de mauvais porteurs, arrivent tous en retard : ce n'est qu'à deux heures que les traînards rejoignent le campement.

Pour nous reposer des fatigues de cette première marche, une violente tornade, qui dure deux heures, nous inonde.

Comme nous n'avons plus de moyens de transport, il est décidé que mon bagage de photographie retournera à Boké. Les noirs de l'intérieur n'auront pas leur portrait aussi ressemblant que nature !

Après notre frugal dîner, chacun s'installe de son mieux pour dormir. Une couverture étendue sur la terre humide nous sert de matelas; abritée de la pluie par un auvent de paille, notre chambre à coucher laisse bien à désirer... mais en voyage! Cependant, la fatigue est un excellent somnifère et chacun de nous ne tarde pas à dormir.

A quatre heures du matin, je me réveille, un peu courbaturé. Profitant du départ de M. Billet, je le charge de quelques lettres. Le pauvre garçon nous quitte avant le jour; en nous disant adieu, il pleure à chaudes larmes.

A six heures et demie, nous levons le camp.

Parcourant un chemin encore plus mauvais que la veille, montant, descendant, traversant, porté sur le dos d'un noir, deux ruisseaux assez profonds, au sortir d'une belle forêt, à onze heures et demie, j'arrive sur un plateau dénudé.

— Pompo ! me dit master Rider, notre interprète.

Encore une déception, pas de village. Ombragés par quelques arbres, trois gourbis servant de campement aux caravanes. Voilà Pompo! On tue un bœuf pour deux jours de rations. Messieurs les noirs n'ont pas besoin du concours d'un boucher pour tuer, dépecer et diviser très proprement une tête de bétail, quelle qu'elle soit.

En ma qualité d'*officier de gamelle*, je garde pour nous filet, cervelle, foie, rognons, plus un morceau de culotte pour le pot-au-feu.

Jacques, notre cuisinier, nous fait un déjeuner succulent. Ça manque bien un peu d'assaisonnement, mais quand on a faim! Du reste, loin de se plaindre, mes compagnons complimentent *mossieu* Jacques pour sa bonne cuisine, et le *maître d'hôtel* pour son menu varié.

Notre camp a une physionomie pittoresque. Où, ce matin, il n'y avait que trois cases délabrées, on voit un vrai village, composé de gourbis de toutes les formes. Les noirs sont réunis par groupes et les marmites fument. Malheureusement, une violente tornade qui éteint les feux vient jeter un peu de désarroi dans notre ville passagère.

Les feux de nuit allumés, les sentinelles placées, nous soupons, puis nous nous endormons.

Il était écrit que les débuts de notre voyage seraient hérissés de difficultés. Le jeudi 10 mai, partant en tête de la caravane, je n'avais pas fait trois kilomètres qu'un envoyé de Bayol venait me prévenir de retourner au campement. Croyant à une erreur de route, je reviens en toute hâte, entraînant les hommes qui m'avaient suivi. Je trouve notre camp sens dessus dessous. Brusquement, le docteur Bayol m'annonce que la mission est terminée, parce que les porteurs peuhls, pleins de mauvaise volonté, laissent à terre les charges les plus indispensables.

— Du reste, ajoute-t-il, Moustier vient de le déclarer lui-même, avec ces gens-là nous n'atteindrons pas Bambaya et nous courons le risque de manquer de vivres en pleine brousse. J'ai donc décidé que les porteurs, la plus grande partie des bagages, Moustier et vous, alliez retourner à Boké. Quant à moi, je continuerai le voyage avec le strict nécessaire en hommes et en marchandises.

Malgré toute la peine que me cause cet ordre fâcheux, je ne réplique rien. En sa qualité de chef de mission, le docteur avait une grande responsabilité; je devais donc me soumettre à sa décision. Le cœur navré, j'allai m'asseoir dans un coin de la case.

J'étais livré à mes regrets, quand le docteur me dit :

— Vous comprendrez, mon cher Noirot, le sentiment qui me fait prendre cette décision à votre égard. Moustier n'a pas confiance dans les porteurs qu'il a recrutés, mais il n'a pas trouvé mieux. Pour lui, nous courons à notre perte. Nous ne pouvons guère compter que sur nos Ouolofs qui, s'ils sont braves, sont de détestables porteurs. Eh bien ! au nom de l'amitié que je vous porte, au nom de votre famille, de vos amis, je ne veux pas assumer la responsabilité de votre existence. Si je devais rentrer en France sans vous, les personnes qui vous aiment me blâmeraient de vous avoir entraîné.

— Docteur, lui dis-je, c'est après de mûres réflexions que j'ai entrepris ce voyage. Le jour où, sur votre proposition, M. le ministre de la marine a décidé que j'étais attaché à votre mission, j'ai fait le sacrifice de ma vie, sachant très bien quelles étaient les difficultés d'un pareil voyage. Pour moi, le retour est une honte et, je vous le dis franchement, je préfère laisser ma vie dans les brousses que de rentrer si tôt.

— Parfait ! je vous ai prévenu ; si vous consentez à m'accompagner, venez. Mais, je me dégage de toute responsabilité envers vous et les vôtres.

Il est donc décidé que je continuerai à suivre la mission.

Réduisant notre personnel à trente-trois Ouolofs, dix Landoumans, dix Kraomans, cinq Foulahs, Hamadou-Ba, John Rider, Alfa Oumarou, Boubakar, l'envoyé de Youra, Souléman et ses deux frères comme guides, plus trois femmes, nous ne gardons que les marchandis strictement nécessaires et deux caisses de provisio de bouche.

M. Moustier retournera à Boké, avec quarante po teurs, nos vivres conservés et des ballots trop emba rassants, qui pourraient nous être envoyés plus tar

La journée s'achève tristement. Mais, le soir, pro tant de la clémence du ciel, qui ne nous envoie pas tornade, nos Ouolofs, en véritables sans-soucis, fo bruyamment tam-tam.

V

VALLÉE DU TIGUILINTA

Le vendredi 20 mai, de bonne heure, nous faisons nos adieux à M. Moustier. Suivi de ses hommes, il prend la route de Boké, et nous la direction de l'Est.

Cheminant lentement, au milieu d'un paysage uniforme qu'enveloppent les vapeurs du matin, je suis obsédé par le départ de mes deux compagnons et je me demande quel est l'événement désagréable qui nous arrivera le jour prochain.

Nous avons à traverser deux fois le Tiangui-Kintao, — *Tiangui* est le nom générique qui signifie ruisseau, — la première fois, en faisant gravir à nos animaux une côte boisée, presque à pic, de quatre-vingts mètres de hauteur, qui borde la rive, ascension qui ne nous demande pas moins d'une heure ; la seconde fois, à la manière des singes, en franchissant le ruisseau, large de dix mètres, sur un arbre qui pousse vigoureusement en travers. Puis nous campons sur la rive droite du

Tiguilinta, un peu en aval du point où il reçoit les ea du Kintao.

Il serait intéressant de descendre le Tiguilinta, q n'est autre chose que le Rio-Nunez, jusqu'à Bok Jamais, depuis que nous occupons ce poste, auc Européen n'a remonté ce cours d'eau jusqu'à sa sourc

En cet endroit, le Tiguilinta est guéable et ses riv sont basses, boisées ; il a de vingt à vingt-cinq mètr de largeur et quatre-vingts centimètres de profondeu

Le lendemain, au jour, nous quittons notre villa improvisé. A midi, sortant d'une forêt très étendu nous débouchons dans la belle vallée de Tiangui-Bag

Le paysage a changé d'aspect, il nous donne la se sation d'une site vosgien, moins les sapins. Au milie d'un tapis vert entouré de montagnes assez élevées boisées jusqu'au sommet, se dressent une dizaine cases ombragées par de fort beaux arbres. Un troupea d'une centaine de bœufs de grande taille paît dans l environs.

Nous sommes au Roundé-Baga-Bi, habité par deu familles seulement. A notre vue, les enfants se sauve en criant et les parents sont peu rassurés.

Roundé est le nom donné à toute réunion de cas exclusivement habitées par des captifs.

Nos hommes sont très fatigués; l'un d'eux, mêm en proie à un violent accès de fièvre, est resté e arrière ; aussi, prenons-nous nos dispositions po camper. Voyant que nous nous établissons chez eu les habitants du *Roundé* sont saisis de panique et, no prenant pour des pillards, se disposent à quitter leu hameau en emmenant avec eux leurs troupeaux. L docteur les rassure, et ces pauvres gens mettent quel ques cases à notre disposition.

Je retourne en arrière pour exciter les traînards activer leur marche. Après une course de six kilo mètres, à pied, je rentre au campement, ressentan pour la première fois, depuis deux mois que je foule le sol africain, les attaques de la fièvre. Suffoquant dans mes vêtements, la respiration gênée, le gosier sec, j'éprouvais un léger tremblement qui me donnait le vertige et qui, au lieu de ralentir ma marche, me faisait courir.

Haletant, j'arrive sur le bord du Baga et, me couchant à plat-ventre, je me désaltère. Ce malaise inquiète le docteur; mais, un noir m'ayant massé vigoureusement, je me trouve soulagé et, grâce à cette médication simple, que je ne saurais trop recommander aux voyageurs de la zone torride, au bout d'une heure toute trace de fièvre a disparu.

Notre case sent tellement mauvais que nous couchons à la belle étoile. Enveloppé par une nuit délicieuse, bien qu'un peu humide, je m'endors, songeant que, si je possédais en France une propriété aussi agréable que Tiangui-Baga-Bi, je serais un des heureux de la terre.

Aujourd'hui, dimanche, réveillés de bonne heure par la grande humidité, nous prenons congé des habitants de Baga-Bi; l'un d'eux veut bien nous servir de guide jusqu'au premier village.

Quand on quitte le hameau, le sentier qui se dirige vers le sud-est s'enfonce dans la riante vallée du Tiguilinta. Le soleil qui se lève, tout en dorant les montagnes environnantes, pompe la rosée et étend sur le paysage une vapeur transparente, semblable à celles de nos chaudes matinées d'août. Nous cheminons au milieu de vertes pelouses et de bosquets; nous franchissons çà et là quelques ruisseaux limpides, dont le murmure est le seul bruit qui anime cette solitude; notre marche ressemble à une promenade dans un parc immense, clos par de vertes montagnes.

Se rétrécissant au point de ne livrer passage qu'à un étroit ruisseau fortement encaissé, la vallée du Tiguilinta est fermée par le *fello-Koua* (*fello* signifie montagne) dont nous escaladons une des pentes rapides. Nous atteignons le premier plateau, d'où la vue s'étend fort loin sur un panorama de montagnes. Nous continuons notre ascension, au milieu de roches ferrugineuses, qui paraissent très riches en minerai, et, traversant une belle forêt, nous atteignons le plateau supérieur, à 600 mètres d'altitude. Une vaste place déboisée est le parc aux bœufs du petit village de Dara-Maniaki, situé dans les environs. Au milieu du tertre, on trouve une corbeille en lianes, d'un mètre environ de diamètre, contenant de l'argile mêlée à du sel et destinée aux bœufs qui viennent lécher cette pâte. A une centaine de mètres au-dessous de ce plateau, le Tiguilinta sort de terre.

De nouveau, la route s'enfonce dans la forêt et débouche sur une immense plaine dénudée, couverte de pierres grisâtres qui, reflétant les chauds rayons du soleil de midi, rendent la marche insupportable. Ce *baowat* (nom générique donné à ces plaines pierreuses) produit cependant une herbe tendre qui pousse entre les interstices des roches et est très recherchée par les bœufs. Un troupeau d'au moins deux cents têtes, à l'approche de la caravane, se réfugie dans la forêt.

Seul, depuis plus d'une heure, traînant mon cheval par la bride, mourant de soif et après une marche qui est aussi pénible pour le noir que pour le blanc, j'apprécie davantage tous les mérites d'une source bien fraîche, le *Boundou-Manga*. — Boundou signifie source en langue peulh. — Quelques hommes de notre caravane se reposent, moelleusement étendus sur le gazon. Ayant fait boire mon pauvre cheval, qui a les pieds abîmés par les pierres, j'imite les noirs et je m'allonge comme eux.

Le ciel est pur, sans aucune menace d'orage. Surpris de recevoir quelques gouttes d'eau sur la figure, j'en cherche la cause. Sur les branches de l'arbre sous lequel je suis couché vit une plante parasite, sécrétant cette eau, qui tombe en gouttelettes. Je demande le nom de cette plante, qui a la forme d'un chou ; l'on me répond : *Oidé-léki* (l'arbre qui pleure).

Malgré tout le plaisir que nous procure cet endroit délicieux, il faut se remettre en route. Aussi est-ce avec bonheur que, deux heures après, je salue Bembou, le premier village peulh : nous sommes sortis de la brousse ! Il est trois heures et demie ; en route depuis cinq heures et demie du matin, nous avons parcouru une étape de trente-quatre kilomètres que j'ai faite en partie à pied : je suis harassé !

Le docteur, qui m'a devancé d'une heure, a fait préparer des cases pour tout le monde. Il est déjà à la besogne. Assis à l'ombre d'un bel oranger planté devant la mosquée, entouré d'une vingtaine de notables (le conseil municipal), Bayol leur expose l'objet de notre voyage et tous les avantages qu'ils pourront tirer d'une alliance avec nous. Je le laisse et, comme la faim aiguillonne mon estomac, je fais activer les préparatifs du déjeuner.

Une femme, plus aimable que jolie, pour me faire patienter en attendant que le riz soit cuit, m'offre une calebasse de lait caillé qui est, ma foi ! très bon.

Ce n'est qu'à six heures que nous pouvons nous mettre à table. Quand je dis *à table*, c'est une figure ; une malle nous en tient lieu et deux caisses nous servent de sièges. Le couvert est mis au grand air ; aussi sommes-nous entourés par toute la famille du chef, notre hôte, qui regarde, étonnée, ces blancs manger avec de petites fourches en fer.

Notre repas est à peine terminé que la nuit arrive. En fumant un cigare, tout en prenant le café, le docteur me fait part des craintes qu'il avait éprouvées en voyant, de temps à autre, des hommes armés nous observer à travers les brousses. Tout à coup un bru de voix aiguës nous assourdit. Je m'informe : ce so les enfants qui, accroupis autour d'un grand feu, u tablette de bois à la main, assistent à l'école dirig par un vieux musulman.

Ainsi, voilà un petit village, comptant à peine deu cents habitants, qui possède une école ! En pourrion nous dire autant chez nous, où les enfants font souve plusieurs kilomètres pour aller en classe ?

Tout comme les petits blancs, les enfants noi doivent subir les leçons du maître deux fois par jou Si l'on ne peut pas chercher les nids à son aise, il e vraiment inutile d'avoir la réputation de sauvages !

Afin de donner à nos hommes un repos dont ils o grand besoin, nous faisons séjour. Le docteur *palab* avec les habitants et je profite du temps que dure leurs entretiens pour visiter le village et ses envi rons.

Le village de Bembou est bâti dans un site agréabl entouré de bois de tous côtés. Sa population n'excèd pas deux cents habitants, répartis dans une quaran taine de cases. Chaque propriété se compose de six huit cases différentes pour le chef de famille, le femmes, les enfants et les captifs. Bien construites e argile, de forme circulaire, elles sont couvertes d'u toit de chaume qui descend presque jusqu'à terre e forme vérandah. L'intérieur en est généralement propre une banquette en terre sert de lit, quelques calebasse composent tout le mobilier.

Toutes ces cases sont reliées entre elles par des allée tortueuses et sablées qui courent à travers des jardin fort bien entretenus. Presque devant toutes les portes un oranger abrite une petite terrasse sablée, lieu d réunions et de prières. Afin de protéger les jardin contre les animaux, chaque propriété est entourée d'une haie de purguères (épurges) qui au besoin peut servir de rempart. Ces habitations, relativement confortables, laissent loin derrière elles les cases informes de la population de Dakar.

La mosquée, qui ressemble à toutes les cases, sauf les proportions qui sont plus grandes, est construite à l'extrémité du village. Un gros oranger, sous lequel se tiennent les palabres, en orne le seuil. A deux cents mètres du village, un ruisseau torrentueux, le *Iandé-Leli (boire des biches)*, fournit de l'excellente eau. D'après nos renseignements, il existe des caféiers dans les environs, et cette contrée, qui dépend du *diwal* (province) de Timbi, se nomme Kofi.

Le vieux chef de Bembou, Modi Hamadou, nous offre l'hospitalité la plus large. Non seulement il s'est délogé pour nous recevoir, mais à chaque repas il envoie de sept à huit calebasses pleines de riz cuit, de lait caillé, de différentes sauces, et le tout fort proprement préparé; de plus, il nous fait cadeau d'un mouton.

Comparativement, notre cadeau est bien mince, car nous donnons à ce brave homme un peu de cotonnade, un couteau, des aiguilles et quelques perles.

Peut-on donner l'épithète de sauvages à des gens qui pratiquent ainsi l'hospitalité?

Heureux habitants de Bembou, en partant j'emporte un excellent souvenir de vous! Merci de votre urbanité! Elle me donne confiance pour l'avenir.

VI

BAMBAYA

Le 24 mai, dès le matin, nous quittons Bembou. U violent orage, accompagné de formidables coups tonnerre, a répandu une grande humidité, et de gr nuages blancs roulant dans le cieu bleu promettent, courte échéance, une nouvelle tornade.

De bonne heure, nous sommes en vue de Ban baya.

Le paysage est magnifique. Une verte plaine s'éte sur une pente légère jusqu'à la forêt qui lui sert bordure. Le sentier que nous suivons coupe cette plai et entre sous bois.

Sur la hauteur qui domine la forêt, les cases de ville se détachent sur le vert sombre du coteau où profilent les minces silhouettes de quelques palmier Un nuage qui passe tamise les rayons du soleil et laiss ce premier plan noyé dans une lumière douce, tand que les lointains, formés par une succession de monta gnes bleues, ruissellent de clartés intenses.

Prévenu de notre arrivée, le chef de Bambaya, Alfa Hamadou-Bobo, envoie à notre rencontre une députation de notables et son *griot*. Attirés par les chants du griot, les habitants, surtout les femmes, nous regardent avec curiosité. Les enfants, effrayés par tant de monde, se sauvent en pleurant. Guidés par le chanteur à travers un dédale de rues étroites et bordées de purguères, nous arrivons à la demeure du chef.

Entouré de guerriers, nonchalamment étendu à l'ombre d'un oranger, Alfa Hamadou-Bobo répond en ces termes à notre compliment de bienvenue :

— Entre. Tu es ici chez toi, dans ta maison. Ce pays est le tien.

Et quatre grandes cases sont mises à la disposition de notre caravane.

La case du chef, qu'il a quittée pour nous l'offrir, est habitée par les Ouolofs commis à la garde des bagages. Le mobilier se compose d'un lit en argile, orné d'arabesques en relief, et d'un hamac tressé avec des filaments de plantes textiles du pays.

Nous habitons la case de la première femme, case où se trouvent deux lits.

Sur la demande du docteur, le chef convoque les principaux habitants de la ville pour assister au palabre qui se tient sous l'oranger.

Notre guide, Modi Souléman, ouvre la séance par un long discours où le mot Almamy revient à chaque instant; puis, c'est le tour de Alfa Oumarou, notre second interprète, frère du chef de Dambourla, province de Foucoumba. Fervent musulman, ce jeune homme, qui depuis longtemps est employé par les facteurs de la côte, passe pour un érudit. Son discours semble produire de l'effet, car les assistants prononcent souvent le mot *gonga* (très bien). Enfin, traduit par Hamadou-Ba, le docteur prend la parole. Il parle longuement afin de dissiper les craintes des indigènes.

Pendant toute la durée de ce palabre, égrenant u chapelet avec ostentation, agitant les lèvres comm quelqu'un qui prie, paraissant étranger à la conversa tion, Alfa Hamadou ne fait pas un mouvement. Se yeux seuls errent sur les objets environnants. A so tour il prend la parole. Inquiet, il croit que notr voyage a pour but d'*écrire* le pays afin d'y envoyer un colonne pour faire la guerre.

Le docteur proteste contre ces insinuations.

Alfa Hamadou paraît convaincu et demande à qu les blancs emploient le café et le caoutchouc. A l'appu des explications nécessaires, nous lui présentons notr provision de café ainsi que nos couvertures caoutchou tées, qui font l'admiration de l'assistance.

D'après Alfa Hamadou, le caoutchouc, appelé *por* par les habitants, est très commun au Fouta. Du café il n'y en a que dans le Bambaya et sur les rives du ri Fatala, mais en grande quantité. Alors, il nous offr une calebasse pleine de café du pays.

Le palabre terminé, le griot chante de nouveau le louanges de son maître; puis il nous adresse, au doc teur et à moi, un discours aussi bruyant que rapid et... nous tire la barbe! Hamadou-Ba nous expliqu que, seuls, les griots ont le droit de tirer la barbe au chefs et que c'est une grande marque de politesse.

Nous restons trois jours à Bambaya. Pendant que tout entier à sa mission, mon chef de file palabre cons tamment, j'observe à mon aise la ville et les mœurs de habitants. Je constate que, comme chez les blancs l'honnêteté et la fourberie se disputent la race noire.

Par sa simplicité, le vieux chef de Bembou peut êtr comparé à un modeste maire de village. Mais Alfa Ha- madou-Bobo a l'allure, la morgue aristocratique d'u chef de district. Fort proprement vêtu de deux bou- bous, l'un blanc et l'autre bleu, la tête coiffée d'une ca- lotte en cotonnade blanche ornée de broderies bleues, portant au cou des amulettes suspendues à des cordons de cuir. Alfa Hamadou est un homme de quarante ans environ. Sa physionomie est énergique et dure; l'œil est vif, légèrement, enfoncé et inquiet, le nez est aquilin, les lèvres épaisses, et un plumeau de barbe légèrement frisée orne son menton. Couleur à part, cet homme a tous les traits d'un Européen. Alfa Hamadou lit et écrit en caractères arabes.

Hamadou-Bobo ne vivrait pas longtemps au contact des Européens sans aimer comme eux les douceurs de toute nature qui rendent l'existence agréable. Afin de lui montrer combien le café qu'il nous a offert est une bonne chose, nous l'invitons à y goûter. Il le trouve à son goût et y met beaucoup de sucre. Dans l'intérêt de notre provision, j'ai beau lui faire dire que, pour bien goûter le café, on doit le boire pur, il s'obstine à le préférer bien sucré. Sa qualité de musulman lui interdit les alcools; aussi ne lui offrons-nous pas le petit verre d'usage. Il demande alors si nous n'avons pas de bière.

— J'en ai bu à Rio-Pongo, dit-il, c'est très bon; cela, je peux boire, ce n'est pas du vin.

A défaut de bière, Alfa Hamadou ne manque pas une occasion de prendre sa demi-tasse. Il guette l'heure où nous prenons nos repas et arrive toujours au moment opportun. Au risque de me faire honnir, j'avoue que j'aurais préféré qu'il ne vînt pas aussi souvent : en ma qualité de chef de gamelle, j'avais à défendre nos provisions et ce gourmand y faisait de telles brèches que je dus faire disparaître le sucre de la table.

Il est des accommodements avec le ciel, notamment avec le paradis de Mahomet. Ce zélé musulman, qui sans cesse égrène son chapelet, ne peut résister à l'attrait du fruit défendu. Un soir, pendant qu'il prend son café avec nous, il jette rapidement un coup d'œil autour de lui, prend le flacon de cognac et en verse dans un gobelet... en y ajoutant de l'eau, disons-le bien vit Mais Alfa Oumarou, allongé à l'ombre de notre véra dah, a vu le délit et fait une grimace qui ne prés rien de bon pour le croyant si peu observateur de s devoirs.

Mettant à profit la *chatterie* d'Alfa Hamadou, le do teur ne perd pas une occasion de lui demander d renseignements sur le pays. Mais nous avons affaire un chef astucieux et politique. Séduit par la quanti de nos bagages, il se dit que toutes ces marchandis seraient aussi bonnes pour lui que pour Almamy cherche à nous persuader que notre voyage à Timbo e inutile.

— Almamy, répète-t-il, fait la guerre dans le *Fou nangué* (pays de l'Est), vous ne le trouverez pas à Timb vous allez faire un voyage fatigant pour rien ; restez un peu, laissez les cadeaux pour Almamy et je les enverrai lorsqu'il sera de retour.

Aussi est-il fort contrarié quand nous lui annonço notre départ prochain et met-il beaucoup de lenteu nous procurer les vivres qui nous sont nécessaires po poursuivre notre route.

Revenus de la terreur que je leur inspirais, les enfan du chef se sont apprivoisés et répondent à mes agac ries. J'en ai cinq autour de moi, trois fillettes et de garçons, dont l'aîné n'a pas douze ans.

La plus jeune, la petite *Ava* (Eve), me témoigne su tout de l'affection. C'est peut-être bien parce que, po compléter son costume réduit à un collier de per blanches entourant ses reins, je lui ai donné deux bo tons dorés d'uniforme que sa mère lui a passé a oreilles; mais c'est peut-être aussi parce que les enfa sont partout les mêmes : ils aiment qui les caresse leur donne des jouets. Quoique un peu mendiants, c enfants ne sont pas importuns et j'ai du plaisir à v leurs ébats.

Le jour de notre arrivée, Hamadou-Ba vint mystérieusement nous avertir que pendant notre avant-dernière marche nous l'avons échappé belle.

— J'ai, dit-il, caché derrière une tapade, entendu des hommes parler d'une *attaquation* (*sic*) qu'ils voulaient nous faire l'autre jour. Ils disaient que cela n'avait pas réussi parce que nous n'avions pas couché à Dara-Magniaki où on nous aurait pris pendant la nuit. Ils disaient aussi que c'était difficile de nous attaquer à cause de nos fusils qui partaient sans poudre.

Peut-être Hamadou-Ba exagérait-il le danger. Si ces coureurs de brousse avaient voulu nous attaquer, l'occasion était belle. La longueur de la route pour atteindre Bembou avait beaucoup fatigué nos hommes; ils étaient éparpillés sur le sentier, se reposaient souvent et, moi-même tenant mon cheval par la bride, j'étais fréquemment isolé.

Le docteur fit part de la conversation surprise par Hamadou-Ba au chef, qui en ce moment entrait chez nous.

— Oui, dit-il, j'ai entendu parler de cela. C'est un enfant, fils d'Almamy Hamadou, qui s'est sauvé de chez son père et bat la campagne pour ramasser du butin.

Puis, changeant de conversation, Alfa Hamadou nous demande s'il nous serait agréable de recevoir la visite des femmes.

Nous nous en passerions volontiers : il faudra faire un cadeau à chacune d'elles, c'est la règle du cérémonial noir.

— Au nombre de cinq, précédées du griot et accompagnées de leur petite famille respective, mesdames Hamadou-Bobo font leur entrée et s'accroupissent à côté de leurs enfants.

Elles ne sont ni belles ni laides; très proprement vêtues d'un pagne du pays, elles portent des bijoux à la tête, au cou, aux bras et aux jambes. Le mari nous les présente par ordre, selon le rang qu'elles occupent dans son affection.

— Fatimata, ma première femme, est sœur de Alf Souléman, le chef de Kanstantomi. C'est la mère de mon petit Souléman et de Aéba.

Madame Fatimata sourit gracieusement et les deux enfants s'approchent pour nous donner la main.

Aéba fait déjà la petite femme. Comme sa maman elle a un pagne; elle travaille déjà à piler le riz et soulève un pilon deux fois plus grand qu'elle. Cette enfant de neuf ans est très gaie et aime à faire des farces. A mieux avec moi, elle ne peut me regarder sans rire.

Souléman est déjà grave et réfléchi, son regard intelligent est d'une grande douceur, l'ensemble de son visage est beau. Faisant déjà son apprentissage politique il assiste à tous les palabres.

Fatimata est la reine du logis; les bijoux ne lui font pas défaut; six pièces de cinq francs en argent, accrochées aux nattes de sa chevelure, pendent de chaque côté du visage; un collier de grosses boules d'ambre entoure son cou; de gros bracelets d'argent ornent ses poignets et ses chevilles. Elle porte tout ce clinquant avec distinction.

Successivement mesdames Mariama (Marie) Aïsatou Iaé (Jeanne) et Fatou nous sont présentées. Moins anciennes, elles ont moins de bijoux que la première. Fatou, qui humblement se tient à l'écart, n'a pour parure que sa beauté et son sourire triste. Captive d'origine, elle est la mère de la petite Ava, la plus jolie enfant noire que j'aie vue.

Chacune de ces dames reçoit un bijou, article de Paris, et, toujours précédées du griot, elles prennent congé de nous.

Si les mœurs des naturels du Fouta sont intéressantes à étudier, la diversité des races de notre nombreux personnel fournit plus d'une remarque propre à faire connaître le caractère des peuples habitant le Soudan.

Déjà, depuis notre départ de Boké, les Kraomans, les Landoumans et les Peulhs ont eu plus d'une fois à souffrir de la morgue de messieurs les Ouolofs; mais, on le comprendra, nous fermons les yeux sur des peccadilles. Nous comptons sur nos Ouolofs. Ces hommes que nous entraînons loin de leur pays sont obligés de nous être fidèles. En cas d'attaque, nous ne pourrions vraiment avoir foi qu'en eux : n'ayant d'autre alternative que l'esclavage sauvage ou la mort, ils se défendraient bravement.

Ces Sénégambiens nous ont fait une scène dont on n'aurait pu que rire, si elle n'avait eu pour conséquence de nous faire rester un jour de plus à Bambaya.

Ayant acheté du riz en quantité suffisante pour la ration de trois jours, les interprètes font la distribution à chaque groupe. Le riz n'était pas décortiqué, ce qui provoque quelques réclamations; mais, sur l'assurance que chacun pourrait piler son riz, les murmures sont vite apaisés.

Lorsqu'il s'agit de préparer la pot-bouille des Ouolofs, c'est à qui ne pilerait pas le riz. Alors, l'un d'eux, grand diable noir comme du jais, amenant avec lui Yoro, le domestique du docteur, qui parlait assez bien le français, le pria de traduire sa réclamation. La voici mot à mot :

— Tout le monde sait qu'à Dakar, je gagnais cent cinquante francs par mois; si je suis venu avec toi pour quarante francs, c'est que je t'aime trop, *Doctor!* Je t'aime plus que mon père, plus que ma mère. Si tu dis : tue! je tuerai; si tu dis : il faut battre! je battrai; et si tu veux que je me tue, je me tue tout de suite. Mais Hamadou-Ba veut que je pile mon riz pour manger. Pour mon père, pour ma mère, je ne pilerais pas le riz;

je ne veux pas le piler pour moi. Ce sont les femmes qui pilent le riz pour les hommes; je ne suis pas une femme. *Doctor*, donne quelque chose pour payer une femme; les miennes sont à Dakar et celles du pays ne travaillent pas, si je ne paie pas. »

Voyant que son désespoir ne peut nous émouvoir, ce hercule sort furieux. Après lui, il en vient un second, puis un troisième, un quatrième, il en vient jusqu'à onze! Tous, dans des discours plus ou moins imagés, déclarent qu'ils ne sont pas des femmes. Le dernier sort encore plus furieux que les autres, quoique nous lui ayons offert de piler sa ration. Pour clore la scène, Yoro nous dit :

— Quand un Ouolof a du sang dans les yeux, on le voit : il casse tout et se fait tuer, mais piler le riz, c'est bon pour les femmes; d'ailleurs, *cela fait mal aux mains et fait pousser des durillons*.

Ces derniers mots peignent bien le Ouolof, cet hidalgo de la Sénégambie. Braillant, discutant sans cesse et si bruyamment que l'on croit toujours qu'il va passer aux voies de fait, gourmand, glouton même, il est capable d'absorber en un repas la ration de trois jours. Il trouve humiliant de porter un fardeau; il rencontre trop de pierres dans le chemin et cela le fatigue; il n'y a que la gamelle qui ne le fatigue pas. Mais, avec tous ces défauts, le Ouolof est brave et dévoué.

Le cas échéant, il s'élancerait sur l'ennemi avec la même insouciance qu'il apporte au travail. Malgré son mauvais caractère, en cas d'attaque, il ne tournerait pas bride — je n'en dirais pas autant des autres membres de la caravane.

Afin de montrer au chef de Bambaya que, s'il avait des velléités de nous attaquer, il trouverait à qui parler, Hamadou-Ba provoque, la veille du départ, un *Fantam*, chant de guerre où chacun vante ses exploits.

C'est dans la grande case que se tient le divertissement. Tous les hommes assis en cercle laissent le milieu libre. Alfa Hamadou, qui assiste à la fête, est négligemment étendu sur le hamac. Une lampe à huile, grossièrement travaillée, éclaire la scène. Un de nos muletiers, griot à l'occasion, qui passe son temps à chanter les hauts faits de son chef Mahamadi-Bayla, est chargé de hurler le récit que chaque héros fait à mi-voix.

Hamadou-Ba entre dans le cercle, plante sa lance au centre et raconte le fait d'armes suivant que me traduit Yoro :

— J'avais neuf ans, j'étais petit domestique de M. Requin, commandant du *Castor* (le même navire qui nous a portés à Boké) ; nous faisions la guerre sur le Sénégal ; dans la bataille, j'ai tué un homme. De retour à Saint-Louis, le *Bouroum-n'Dar* (gouverneur du Sénégal), qui s'appelait Laprade, m'a donné une *gourde* (pièce de cinq francs en argent) pour récompense. J'étais fier parce que j'étais encore petit et que je n'avais jamais fait la guerre. Maintenant, si dix hommes voulaient me faire captif, je m'écrierais : C'est moi, Hamadou-Ba, et je les tuerais tous les dix !

Hamadou-Ba regagne sa place pendant que Dimba Kassé chante ses louanges sur tous les tons. On ne supposerait pas, en voyant ce grand flandrin, qu'une telle ardeur belliqueuse puisse jamais remplacer son indolence.

Djibril Sangomar n'Dyae, jeune garçon de vingt ans, grand marabout érudit qui nous sert de scribe arabe, entre en scène. Tenant la lance d'une main, se balançant avec nonchalance, il dit d'une voix calme :

— Je suis jeune, je n'ai jamais fait la guerre, je n'ai pas encore tué d'homme. Je n'ai pas peur et on verra si j'ai les *yeux rouges* : je me battrai et je tuerai les ennemis.

A onze heures du soir, le *Fantam* n'était pas terminé. D'une voix enrouée, Dimba Kassé continuait à hurler les faits glorieux des assistants, de leurs pères, de leurs grands-pères, etc., et surtout nous empêchait de dormir.

En remerciement du cadeau que nous lui offrons et qui comprend un Koran richement relié, un burnous blanc, un sabre, un bonnet rouge, des babouches de la Guinée, du papier, des bijoux faux, un fusil, Alfa Hamadou, outre le riz qu'il nous a fourni chaque jour, nous donne un bœuf. Il ne faut pas croire que son cadeau vaille plus que le nôtre : pour une somme de quarante à soixante-dix francs, valeur en marchandises, au Fouta l'on a un gros bœuf.

Bambaya est bâtie dans un site magnifique. Cette petite ville jouit d'un climat sain et l'on y respire un air très pur ; les montagnes environnantes, les nombreux ruisseaux qui arrosent son territoire, son altitude de 600 mètres, tout concourt à lui procurer une fraîcheur relative. Pendant la saison la plus chaude de l'année, le thermomètre varie entre 23° et 30° centigrades ; c'est une chaleur très supportable.

Les cases sont entourées de jolis jardins où poussent : manioc, ignames, patates douces, oignons, haricots, etc. De nombreux bananiers, papayers, citronniers, orangers, procurent des ombrages odorants et des fruits délicieux. Le café et le caoutchouc abondent dans la contrée, les purguères forment toutes les tapades. De vastes pâturages, où paissent de grands troupeaux de bœufs, entourent la ville. Riz, maïs, fognié, arachides, produits communs à l'Afrique, sont partout cultivés dans la proportion nécessaire aux habitants.

Malgré son étendue et son nombre de cases, Bambaya n'a pas plus de cinq cents habitants.

La ville de Bambaya est tout indiquée pour devenir une florissante station coloniale. Sa situation exceptionnelle à peu de distance de la mer la fera choisir aux colons, qui pourront y cultiver autant de terrain qu'il leur plaira. Ils pourront, sans nul doute, y acclimater la vigne, ainsi que beaucoup de légumes et de fruits d'Europe.

Actuellement, on peut s'y rendre de Boké en cinq jours, et de Boffa (Rio-Pongo) en quatre. Lorsque des routes seront établies, on correspondra facilement avec la mer, en trois jours.

VI

VALLÉE DU KAKRIMA

Le 27 mai, nous quittons Bambaya et, à deux heur nous atteignons Kiri-Bamba, village d'esclaves, qui nous fournit, pour passer la nuit, qu'une mauvaise ca où nous sommes fort mal abrités contre une torna véritable déluge que nous avons, du reste, dû su jusqu'à notre arrivée à Kanstantomi, ville de l'impo tance de Bambaya. Nous demeurons là trois jou pendant lesquels j'ai ressenti les premières atteintes rieuses de la fièvre, au point de délirer toute une nu

Le chef de Kanstantomi, Alfa Souléman, un éru nous apprend que les Peulhs écrivent leur histoire. nous présente même un manuscrit en caractères arab que le docteur a fait copier par notre scribe.

Plus aimable que généreux, le chef nous offre quelqu oranges, les premières que nous mangeons.

A partir de Kanstantomi, notre voyage se contin au milieu d'un pays montagneux semé de nombre urs d'eau. Successivement, nous couchons au village de Pellel, à Oré-Méro; nous franchissons au delà du Laba, rivière assez profonde, le *fello* Fartaléléma, haute montagne bien nommée par les naturels puisque son nom signifie : *retourne ta culotte.* Au village de Boundou-Dologa, qui couronne le sommet du Fartaléléma, le tonnerre tombe presque tous les jours, pendant la saison des pluies.

Nous couchons à Baguéré, petit village de la montagne de Nianka-Touringui, exposé aux quatre vents, où la température relativement fraîche ne dépasse pas 26 degrés centigrades au maximum.

Nous atteignons le Dolonki, que nous traversons sur un pont des plus rudimentaires : c'est un gros arbre dépouillé de son écorce, déjà usé par le passage de plusieurs générations, qu'on a jeté en travers la rivière. Une des extrémités de cet arbre a gardé ses branches tortueuses qui ressemblent beaucoup à un bois de cerf. Sur la rive gauche du Dolanki, nous faisons une courte halte pour mettre fin au seul incident comique qui a rompu le monotonie de nos dernières marches.

Yoro, en sa qualité de domestique du docteur, avait la haute main sur nos bagages particuliers; il se faisait passer pour médecin et traitait à son profit les coliques des indigènes, en leur administrant quelques gouttes de laudanum.

Étant lui-même indisposé, mon Yoro pense qu'avec une bonne ration il sera vivement débarrassé de son malaise. Mais c'est le contraire qui arrive, et ce n'est qu'avec peine qu'il peut atteindre Baguéré. La peur de mourir lui fait avouer, avec force grimaces, la cause de son indisposition. Commission est donnée à notre infirmier, le jeune Mamadou-Si, d'administrer un vomitif à son camarade.

Jaloux l'un de l'autre, ces deux gaillards se détestent cordialement; aussi, ayant besoin d'eau pour préparer ce vomitif, Mamadou-Si va en chercher à la source plus éloignée et laisse geindre le pauvre malade pendant trois heures. Puis, le digne infirmier administ consciencieusement le vomitif à forte dose et l'effet produit est des plus complets. Mamadou nous regarde d'air narquois et dit :

— C'est très bon pour Yoro le *garap* (remède), il pas assez, je vas lui préparer une autre tasse. Tien Yoro, bois! C'est bon, tisane, pour coliques! Fais p les gros yeux... Ah! toi qu'es médecin, tu gagnes beaucoup argent, mais l'infirmier fait bien rendre. Autre fo faut pas faire le malin!

Bref, après s'être reposé le restant du jour, Yoro pc vait se mettre en route le lendemain matin. Aya encore les railleries de Mamadou-Si sur l'estomac, Yc se hate de le rejoindre pendant une marche, et combat à coups de pied était déjà engagé, lorsque he reusement j'arrive pour protéger une dame-jeanne co tenant encore quelques litres de cognac que Mamad Si portait sur la tète et qui courait par conséquent grands risques.

Calmés momentanément, deux ou trois fois enc les deux noirs essaient de recommencer le comb Pour mettre un terme à leur ardeur trop comprom tante pour notre provision de cognac, nous décidons faire vider la querelle, une fois pour toutes, et nc faisons couper deux respectables cannes de bambc puis les deux adversaires sont placés face à face.

— Une, deux, trois, à volonté!

Quelques coups de trique bien appliqués calment l'h meur belliqueuse des deux champions et sauvent no dame-jeanne de la catastrophe redoutée.

Au delà du Dolonki, le pays change d'aspect. Dever plus rares, les gisements ferrugineux sont rempla par un sol argileux obstrué de nombreux blocs de gr qui, rongés par les eaux, se dressent comme des *menhi*

Les montagnes ballonnées que nous avons franchies jusqu'à ce jour font place à d'autres entièrement formées d'énormes roches de grès et de granit, entre lesquelles de grands arbres trouvent assez de terre pour pousser vigoureusement.

Nous traversons le *Dembo-Dépellé* (porte des montagnes); c'est un col resserré entre deux massifs rocheux, murailles à pic de trois cents mètres de hauteur, dont le sommet en forme de table est couvert d'une végétation remarquable. Puis, nous débouchons dans la belle vallée de Ouatchardé, où nous logeons dans un village d'esclaves, bien ombragé par des orangers en fleur.

Avec ses grands pâturages coupés par de nombreux ruisseaux et peuplés de ruminants, Ouatchardé rappelle un peu l'Auvergne.

En route depuis le lever du jour, après une série de sites que ne puis me lasser d'admirer et une succession de plateaux que nos animaux ont peine à franchir, le lundi 6 juin, à dix heures et demie du matin, nous arrivons au col de Dantégué, situé à huit cents mètres d'altitude. Gardé par les *fellos* Dantégué et Sako, montagnes rocheuses d'une grande hauteur, le col Dantégué est la limite de l'Irnangué (pays de l'Ouest).

Si l'ascension a été pénible, la majesté du spectacle que nous apercevons par l'ouverture du col nous récompense largement de nos fatigues. Nous n'avons rien vu d'aussi grandiose que la vallée du Kakrima qui s'étend à nos pieds.

A travers un tapis de verdure, le fleuve Kakrima roule ses flots argentés; les cases du grand village de Koussi, bâti sur la rive droite, mêlent leurs nuances dorées au feuillage sombre des orangers; huit plans successifs de montagnes très élévées, où les jeux de la lumière passent des tons les plus vigoureux aux tons les plus tendres, découpent sur le ciel leurs bizarres dentelures.

Pour atteindre cette merveilleuse vallée, il nous fau suivre, sur le flanc du *fello* Sako, une étroite route bordé à gauche par une muraille de trois cents mètres de hau teur, et à droite par un ravin boisé très profond.

Nous marchons lentement, avec précaution, nos che vaux et nos mulets font un véritable travail de cirque e avancent à grand'peine.

Enfin, exténués, à bout de forces, gens et bêtes, nou faisons notre entrée dans le grand village de Koussi nous marchons sous des orangers couverts de fleurs e de fruits et nous gagnons la place de la Mosquée, o nous faisons halte.

C'est à Koussi que, pour la première fois, nous de vions être en butte aux tiraillements des deux parti politiques du Fouta. Le chef du village est absent et l'o nous loge chez le fils de son prédécesseur, que quelque hommes importants du pays voudraient installer e remplacement du chef actuel. Ce jeune homme, qui n' rien d'un ambitieux, ne peut mettre à notre dispositio qu'une case où de nombreux jours de souffrance lais saient passer la pluie qui commence à tomber.

Très aimable, notre jeune hôte cherche à nous fair oublier, par toutes sortes de prévenances, le délabre ment du logis. Poulets, œufs, oranges, lait, il nous offr tout ce qu'il a, et jamais il ne nous rend visite les main vides. Nous nous habituons à notre abri; mais en re tiant des champs le chef du village déclare qu'il ne veu pas que des étrangers, surtout des blancs, logen ailleurs que chez lui et nous installe dans sa propr demeure. Heureusement nous ne perdons pas au change notre case est spacieuse et a surtout pour agrémen l'ombre d'un gros oranger, dont le tronc n'a pas moin de quatre-vingts centimètres de diamètre, et qui e chargé de fruits mûrs que l'on peut cueillir en levan la main.

Nous restons trois jours à Koussi, tant pour nous ra

vitailler que pour préparer le passage du fleuve Kakrima. Sans le moindre temps d'arrêt, nous sommes occupés tout le jour, mais nous n'avons pas à nous plaindre. La beauté du paysage, l'urbanité des habitants sont d'agréables compensations.

La vallée du Kakrima est digne d'admiration. Du seuil de la case que nous habitons, nos regards se reposent sur la superbe chaîne de l'Inangné, montagnes d'une grande élévation, des flancs desquelles s'échappent de splendides cascades, qui se précipitent d'une hauteur prodigieuse.

Le jour de notre arrivée, un palabre d'une longueur désespérante a lieu. Au nombre de trente environ, les hommes des deux partis sont réunis sous l'oranger devant notre case. Le docteur a de la besogne, surtout avec les *Alfaya*, parti de l'Almamy Hamadou, en minorité dans la réunion. Ils cherchent, à nos dépens, à faire pièce aux *Sorya*, parti de l'Almamy Ibrahima Sory, qui détient actuellement le pouvoir.

Sincèrement, cela me fait plaisir d'assister à ce tournoi oratoire. Ailleurs, les assistants étaient toujours de l'avis du chef. Ici, au moins, l'autorité de ce chef est quelquefois tenue en échec. Néanmoins, Alfaya et Sorya me paraissent être dans les meilleurs termes.

Il n'y a pas en douter, nous avons gagné les sympathies des habitants, très défiants auparavant. Sans doute, renseignées par leurs maris, les dames de Koussi brûlent de l'envie de voir les deux blancs, et portant qui des œufs, qui du lait, elles viennent en procession nous faire visite.

Etendus sur nos couvertures, nous nous laissons complaisamment regarder. Quelques-unes de ces aimables personnes sont assez belles, mais d'une beauté spéciale que je ne comparerai pas à celle des Européennes. Leur teint chocolat, leurs grands yeux de velours, la façon originale dont elles coiffent leurs cheveux, leurs dents blanches qu'un gracieux sourire laisse entrevoir leur donnent une physionomie fort agréable. Je ne sais quelle est leur impression ni quelles sont les réflexions que ces dames se font entre elles, mais à coup sûr nous ne les effrayons pas. Elles ne craignent pas de comparer la blancheur de notre peau à la teinte bistrée de la leur.

L'une d'elles, jolie personne de seize à dix-sept ans qui, en souriant, laisse voir une double rangée de perles, s'approche de moi, me prend la main, découvre mon bras, le place près du sien, et part d'un éclat de rire argentin. Et, tout en communiquant ses réflexions à ses compagnes, elle me masse délicatement les bras! Chaque pays a ses usages : ici le massage fait partie du code du cérémonial.

Ces dames parties, d'autres les remplacent. Toutes se présentent les mains pleines. J'en compte jusqu'à vingt-deux à la fois dans notre case. Nous sommes passés à l'état de phénomènes. Qu'importe! Notre garde-manger, grâce à la générosité des curieuses, est bien garni : sept poulets, trois douzaines d'œufs frais, voilà des ressources pour l'avenir!

Par exemple, toutes ces beautés peulhs ont un inconvénient bien marqué : se pommadant avec du beurre de brebis, elles laissent après elles une horrible odeur de graisse rance.

La grande chaleur tombée, nous nous rendons au bord du fleuve, qui coule à vingt minutes du village, pour préparer le passage de notre caravane. Le Kakrima est un fleuve de soixante mètres de largeur environ. Au dire des naturels, il n'a pas moins de seize à dix-huit mètres de profondeur et, pendant les grandes pluies, il monte encore de dix mètres au-dessus du niveau actuel. Une vigoureuse végétation couvre les rives de ce fleuve qui, s'il faut en croire un homme du pays, serait navigable jusqu'à la mer. Il y aurait, dit-on, à une demi-journée de marche en aval, en face du village de Sarisenne, un barrage de roches, mais une pirogue peut toujours passer. Un peu au-dessous de ce village, le Kakrima se réunit au Kokoulo et forme le Kongouré, ou Dubréka, qui se jette dans la mer au sud du Rio-Pongo.

S'il en est ainsi, si l'on peut naviguer sur ce fleuve jusqu'au point où nous sommes, c'est une excellente voie qui faciliterait les transactions commerciales avec ce beau pays.

Toutes nos dispositions prises, le 9 juin, nous quittons Koussi. Au moment de seller les chevaux, nous nous apercevons que deux d'entre eux ont eu les crins de la queue et de la crinière coupés, et même la peau de ces pauvres animaux est entamée. Le mien est tellement massacré et a les pieds si malades que nous sommes obligés de l'abandonner.

En tête de la caravane, j'arrive au fleuve et procède au passage. Deux pirogues ont déjà fait une traversée, quand prêtes à partir de nouveau, un des hommes qui accompagne le docteur saute dans une embarcation, et déclare que nous ne passerons plus avant d'avoir *causé* avec lui. Cet honnête commerçant n'a pas confiance et veut être payé d'avance. Après deux heures et demie d'un palabre des plus irritants, nous pouvons obtenir le passage moyennant une pièce de guinée, deux cravates, un crayon rouge et trois feuilles de papier blanc : le batelier nous demandait d'abord la valeur de quatre captifs, soit au maximum huit cents francs.

A dix heures et demie, toute la caravane est enfin sur la rive droite du Kakrima. Nous entrons dans le Fouta proprement dit.

Après une heure de marche nous arrivons à Tiangué-Mabo, village d'esclaves, où nous restons trois jours, afin de pourvoir au ravitaillement qui n'a pu se faire à Koussi. Le riz devient rare ; les habitants, ne sachant pas encore ce que sera la récolte, gardent leurs provisions. Malgré de grandes difficultés, nous nous en procurons pourtant pour quatre jours, et il était grand temps, notre escorte ayant dû se passer de manger pendant toute la journée.

Pour la première fois, depuis notre départ de Boké, nous faisons flotter le pavillon français au faîte de notre case.

Décidément, nous marchons précédés d'une réputation de phénomènes : comme à Koussi, pendant notre séjour à Tiangué-Mabo, nous recevons la visite de nombreuses femmes, qui viennent des environs et entrent dans notre case les mains pleines de présents.

Nos hommes se dérobent chaque jour quelque chose et, quand le vol est découvert, s'accusent réciproquement avec rage, presque constamment à faux. Un jour que pareil fait s'est renouvelé au sujet de quelques *orangos* (sorte de verroterie très estimée des Peulhs), nous décidons de mettre un terme à cet état de choses préjudiciable à nos intérêts et à l'harmonie que nous souhaitons voir régner dans notre troupe :

Nous permettons au vieil Omar, le doyen de nos noirs, de mettre en pratique la fameuse épreuve du feu, en vigueur dans certains pays nègres, afin de découvrir le voleur.

— Je vais mettre dans le feu le couteau, nous dit Omar ; quand il sera rouge, tous les hommes il lèchera ; celui-là qu'est la langue brûlée, c'est lui qu'est le voleur.

Chaque homme subit l'épreuve et aucun n'est brûlé ; Omar conclut que le voleur est un homme du village. ce qui peut bien être vrai, du reste.

Mais à peine cette affaire est-elle liquidée, qu'une autre surgit. Le Kraoman Salifou est accusé par quelques-uns d'avoir mutilé nos chevaux. Appelé devant nous, le prévenu, qui a bien la tête d'un vaurien, rejette l'accusation sur le Bambara Couli-Bari. En apprenant ce dont il est accusé, Couli-Bari entre en fureur, veut tuer son délateur et se défend énergiquement d'un pareil forfait.

Forcés d'agir avec énergie, nous prenons la détermination suivante :

Renouvelant les combats singuliers du moyen âge, nous obligeons les deux hommes à se battre au sabre, leur disant que le coupable sera certainement tué. Couli-Bari saisit un sabre et tombe immédiatement en garde. Mais, plus filou que brave, Salifou refuse de se battre et cherche à se sauver : il n'en a pas le temps, le Bambara tombe dessus à bras raccourcis et lui inflige une correction dont il se souviendra longtemps. Si l'on n'eût séparé les combattants, c'en était fait du Kraoman.

— Dorénavant, dit le docteur à notre escorte, si un homme porte une accusation sur son camarade, ils se battront au sabre tous les deux et le combat ne finira qu'avec la mort de l'un des adversaires. Réfléchissez-y bien.

Ah! ce n'est pas toujours amusant de commander à quatre-vingts nègres!

VIII

THIERNO-MAHADÏOU

Le 12 juin, par une belle matinée, nous quittons Tiangué-Mabo. La caravane chemine à travers une vallée couverte de belles cultures, de bosquets touffus, et coupée de nombreux ruisseaux poissonneux, qui ne portent plus, comme dans l'Irnangué, le nom générique de *Tiangui*, mais celui de *Tiangol*. Après deux heures d'une ascension pénible, nous atteignons le premier plateau du *fello* Sounouma. Un bruit formidable nous révèle, sur la gauche de la route, une cascade qui est de toute beauté.

Les eaux du D'journdé-Dompadié, qui d'abord sortent d'un épais bosquet planté sur l'arête de la montagne, se brisent sur d'énormes blocs de roches noires, puis, rencontrant le vide, se précipitent avec un bruit formidable au fond d'une gorge étroite et profonde.

De ce plateau, où gisent çà et là des blocs de granit qui affectent les formes les plus bizarres, le point de vue est très beau. Au sud se déroule un panorama de montagnes très élevées qu'un ciel orageux inonde de brillants effets de lumière. A droite de la route, se dresse le pic de Touma.

Toutes les dix minutes, nous traversons un torrent et nous rencontrons des obstacles à décourager les plus intrépides. Au *Boundou-Dompadié* (source du Dompadié), qui sort d'un amas de roches, la route semble fermée par une muraille. Un étroit pertuis, en forme d'escalier, ne laisse passer qu'un homme à la fois. Ce n'est qu'après trois heures d'un travail opiniâtre que nous faisons franchir ce passage à notre cavalerie.

Des aboiements de chien nous font supposer à tort l'existence d'un village. C'est une troupe de singes cynocéphales qui fait ce tapage. Le Bambara Couli-Bari en tue un qui a un mètre de longueur; on le dépouille et les hommes s'en partagent la chair, qui fera bonne figure dans la marmite.

Après avoir traversé le *tiangol* Touma, torrent assez large, où mon passeur glisse et, m'entraînant dans sa chute, me fait prendre un bain froid, nous arrivons enfin aux *foulassos* (maisons de campagne) Wendou-lès-Touma, où se termine cette longue étape.

Construit au pied du pic Touma, ce petit village, dont les cases disparaissent au milieu des plantations de maïs, est bien nommé *Wendou,* mot qui signifie pays des eaux. De nombreux ruisseaux coulent de tous côtés! Aussi, la température est-elle relativement fraîche et la végétation très puissante.

En quittant Wendou, nous escaladons le pic Touma. Si la route est fatigante, la vue est réjouie par de nombreuses cultures et des fermes accrochées aux flancs de la montagne. En quatre heures, nous atteignons le sommet (1,300 mètres d'altitude). C'est le point le plus élevé que nous ayons franchi jusque-là. Encore quatre heures de marche, et nous arrivons à Bourléré, beau village entouré de pâturages où paissent de grands troupeaux de bœufs. A deux heures, le thermomètre marque 22°. Un déluge d'eau glacée s'abat sur nous jusqu'à cinq heures du soir ; le thermomètre descend à 10° ; il fait froid et les Ouolofs grelottent.

Je n'exagère pas : au moins cinquante femmes nous rendent visite pendant notre court séjour à Bourléré ; elles entrent deux par deux et sont présentées par le propriétaire de notre case. Je soupçonne même cet homme de s'être fait payer et Hamadou-Ba partage mes soupçons.

Nous emportons de Bourléré une ample provision de victuailles. Tous les habitants assistent à notre départ.

Le pays que nous traversons est de plus en plus cultivé ; de nombreuses *margas* (fermes) bordent la route. Une grande animation règne dans les champs, car nous sommes dans la saison des pluies. Les naturels, attirés par la curiosité, quittent momentanément leurs travaux et se pressent sur notre passage.

Pour la première fois, nous voyons des *bembalsoulouroux*, hauts-fourneaux qui servent à fondre le minerai de fer. Il y a certes bien loin de ce rudimentaire appareil, qui rappelle une cheminée de locomotive montée sur une demi-sphère, à nos installations métallurgiques, mais nos ancêtres n'étaient peut-être pas mieux outillés que les Peulhs.

Nous suivons le bord d'un précipice, au fond duquel coule le Donzo, torrent qui, un peu en amont, fait une chute de quarante mètres. Sur les bords du Donzo est assis en amphithéâtre Diaga, un joli village qui, en ce moment, est ravagé par la petite vérole, ce qui nous empêche de nous y arrêter.

Après neuf heures de marche, nous franchissons une ondulation de terrain et nous découvrons le plateau de Timbi, dont l'étendue est si considérable que la vue ne peut l'embrasser tout entier. Ce plateau est couvert de cultures et de nombreux *foulassos*. Du point où nous sommes, il semble que nous admirons un jardin immense, où, pour se garantir du soleil, on a dressé des abris en paille. Nous ne voyons pas la ville. Toutes ces habitations composent la banlieue ; ce sont des propriétés de campagne, où, pendant la saison des cultures, résident les riches habitants de Timbi.

Le pavillon tricolore est déployé ; le sergent Bagnic, très fier d'être porte-drapeau, ouvre la marche. Deux hommes envoyés par Thierno-Mahadïou, leur maître, nous guident jusqu'au *foulasso* Voizan, où habite en ce moment le chef de Timbi. Dès cet instant, une foule toujours grossissante d'hommes, de femmes et d'enfants nous fait escorte.

La lettre suivante, adressée comme la première à mon ami le docteur Labarthe, rend compte de mes impressions mieux que je ne pourrais le faire de mémoire :

« Foulasso de Voizan, banlieue de Timbi, province de Timbi-Tounni (Fouta-Diallon), le 9 juin 1881.

Mon cher Paul,

Comme tu le vois par l'en-tête de ma lettre, nous sommes au *foulasso* (maison de campagne) de Voizan. — Ne cherche pas cette localité sur une carte d'Afrique, tu ne l'y trouverais pas. Voizan est une résidence d'été de Tierno-Mahadïou, chef de la province de Timbi-Tounni, située à dix kilomètres de Timbi, ville capitale.

Nous sommes arrivés ici mardi dernier, 14 juin, après une étape de vingt-huit kilomètres. J'aurais voulu que tu visses notre entrée, véritable entrée triomphale.

Thierno-Mahadïou n'était pas chez lui au moment de notre arrivée ; mais sa mère, femme très digne, nous installa dans la case de sa première bru.

Nous sommes à peine entrés, que notre demeure est envahie par les naturels qui, ébahis, nous regardent comme des bêtes curieuses. On ne peut pas se retourner. Tout à coup, comme par enchantement, les curieux disparaissent. C'est le chef qui rentre.

Thierno-Mahadïou se rend aussitôt à l'endroit où se tiennent les palabres et nous fait prévenir qu'il est à notre disposition.

Pendant que Bayol expose rapidement le but de notre venue au Fouta, le chef paraît étranger à la conversation et égrène son chapelet. Mais nous sommes habitués à cette manière de faire et nous n'y prenons plus garde.

Thierno-Mahadïou, chef du *diwal* (province) de Timbi-Tounni, territoire aussi grand que deux de nos anciennes provinces, est un homme d'environ trente-cinq ans ; son visage, d'un noir mat, est assez régulier, mais porte les traces de la petite vérole ; son regard est doux et énergique ; son nez est fin ; ses lèvres sont un peu épaisses, et une barbiche orne son menton. Il est vêtu simplement d'un boubou bleu en étoffe du pays, mais l'aspect du personnage indique un homme peu ordinaire.

Le palabre terminé, Thierno prend une noix de Kola blanc, la casse en trois, nous en donne un morceau à chacun en signe de bienvenue, partage l'autre entre lui et ses proches et nous dit :

— Ma maison est à vous ; le Fouta, c'est la France ; demandez tout ce dont vous avez besoin.

Puis il offre à nos hommes les fruits d'un oranger qui ombrage la case que nous habitons à condition de ne pas en casser les branches, et l'audience est levée.

Dès le premier jour, Thierno nous traite en amis de vingt ans ; il reste très tard avec nous, goûte à notre café et accepte une invitation à déjeuner pour le lendemain.

Thierno nous montre une grande déférence ; obséquieux même, il fait apporter ses repas dans notre case et la causerie dure également jusqu'à minuit. Nous n'avons pas un instant à nous; quand ce n'est pas Thierno et ses fidèles qui envahissent notre demeure, c'est sa famille. Je ne m'en plains pas, cette famille est vraiment charmante; deux de ses sœurs, principalement, sont très aimables. Quant aux enfants, qui pullulent ils sont amusants; quelques-uns même sont jolis.

Moins réservé avec moi qu'avec Bayol, Thierno, *c'est camarade à moi*, comme disent les noirs. L'autre jour, il me demande si je veux *promener* avec lui; j'accepte et il me conduit chez une de ses femmes qui habite une propriété voisine.

Madame Thierno m'offre un mouton et un papaye (fruit du papayer, variété de palmier). Nous allons ensuite chez une autre de ses épouses qui me donne un poulet.

Thierno-Mahadïou est l'heureux possesseur de douze épouses; il a douze intérieurs et par suite douze petites familles.

Un jour de grand Salam (dimanche des musulmans), Thierno me propose de l'accompagner à la mosquée de Timbi, où il va officier. Désireux de connaître l'importance de la ville, j'accepte avec plaisir. Pour cette circonstance, je revêts le costume du pays, auquel j'ajoute mes souliers et un grand chapeau par-dessus mon turban; je prends le meilleur de nos mulets et nous nous mettons en route. Thierno me fait admirer la beauté des cultures qui couvrent le plateau et nous arrivons à la ville, située à dix kilomètres de Voizan.

— Timbi ! me dit Thierno; je cherche la ville, mais je ne vois qu'un épais rideau d'arbres touffus qui çà et là laissent apercevoir le sommet d'une case. Nous nous engageons dans une rue étroitement resserrée entre deux haies vigoureuses, puis nous arrivons devant une barrière, formée de pieux rapprochés, qui barre le chemin et qui ne livre passage qu'à un homme à la fois. Thierno fait franchir cet obstacle à son cheval et, pour ne pas se déchirer les pieds, il les relève par-dessus l'encolure.

Thierno jette sur ma pauvre monture un regard de compassion; mais, à sa grande surprise, mon mulet franchit l'obstacle. Peu à peu nous débouchons sur la place de la Mosquée, monument qui, comparé aux mosquées que j'ai déjà vues, présente de très grandes dimensions. Elle n'a pas moins de vingt mètres de diamètre et sa hauteur est de quinze mètres. Une palissade formée de pieux clôture une grande cour, où s'élève un échafaudage sur lequel on monte par une échelle grossièrement travaillée. C'est de là que le marabout appelle les fidèles à la prière. Nous suivons enco e pendant quelques minutes une rue étroite et nous arrivons à la demeure de Thierno.

Cette propriété est close par un mur en argile, recouvert d'un petit toit en chaume. On pénètre dans la cour par deux tourelles, qui servent de vestibule et dont les portes sont assez élevées pour permettre de passer à cheval. Dans l'une de ces tourelles, le forgeron de Thierno a établi sa forge. Elle ne tient pas beaucoup de place. Au milieu de la cour sont bâties quelques cases ordinaires et une maison de forme rectangulaire. Les cases rondes servent de logement aux captifs et la maison carrée est l'habitation de Thierno. Cette case, élevée d'un étage formant grenier auquel on arrive par un escalier en terre battue, est très bien construite. Une vérandah de trois mètres de large fait le tour de la maison, mais le côté seul de la façade est public et sert de parloir; les autres parties, fermées par deux murs, sont réservées aux intimes.

On pénètre dans l'intérieur par deux portes basses qui s'ouvrent sur la galerie. Un réduit très étroit, meublé seulement d'une banquette en terre, sert de chambre à coucher au maître; dans les autres parties de la maison est logée la famille et sont placés les magasins.

Thierno-Mahadīou me fait asseoir à côté de lui et immédiatement les habitants viennent lui présenter leurs hommages. Au bout d'une demi-heure, il y a deux cents hommes sous la galerie : deux cents poignées de main et des *salamalecs* à n'en plus finir.

Je suis surtout l'objet de la curiosité des visiteurs, mon costume les intrigue; comme je semble suivre la conversation, ils se figurent que je suis un Arabe, que je parle le poulh, mais que je ne veux rien dire.

Le cortège se forme; Thierno-Mahadīou, revêtu d'une sorte d'étole qui lui sert à officier, et les hommes, au nombre de trois cents, se rendent à la mosquée. Quant à moi, je reste à la maison, mais mon domestique, qui aurait pu me servir d'interprète, m'a fait faux bond et je n'ai pu faire la conversation avec quelques jeunes gens qui sont restés pour me tenir compagnie. Quelle gêne pour moi, qui suis si bavard!

Cependant, la faim me fait trouver l'office bien long; mais un homme vient me chercher et me conduit à la mosquée. Le salam touche à sa fin. Il y a, tant dans le temple que dans la cour, au moins quatre cents fidèles. Tous sont des hommes libres, et en comptant trois femmes par homme, plus les enfants et les captifs de case, j'estime que la population de Timbi peut être évaluée à trois mille ou trois mille cinq cents habitants.

De retour à la maison, il y a une séance de justice. Quoique ne comprenant rien aux débats, je remarque pourtant qu'un homme de loi, le greffier sans doute, et quelques vieillards, retirés à l'écart, semblent délibérer. A cinq heures du soir, tout est terminé et nous remontons à cheval, mais sans avoir déjeuné. La plupart des habitants, comme nous, retournent à leurs *foulassos* et la ville redevient déserte.

Afin de me montrer la beauté des cultures du pays, Thierno me fait suivre au retour une route nouvelle. Il fait déjà nuit, lorsque, près d'arriver à notre demeure et sans me prévenir, Thierno lance son cheval à toute bride et me brûle la politesse. J'arrive dix minutes après lui ; il s'excuse de la bonne farce qu'il vient de me faire et qui a pour but de me prouver que son cheval est le meilleur du Fouta.

Thierno-Mahadiou est un chef qui réprime cruellement le délit et l'offense. Presque chaque jour, depuis que nous sommes ici, il y a eu quelque exécution.

Un jour, c'est un petit captif, enfant de neuf ans, qui est délivré des fers, où il était depuis six jours, et qui reçoit comme complément de sa peine quarante-cinq coups de fouet à quatre branches.

Le lendemain, c'est un autre captif, accusé d'avoir volé de la poudre. Il est tenu par quatre solides gaillards et il reçoit simultanément sur le dos et sur le ventre une trombe de coups de fouet. Le malheureux n'était pas coupable !

Dans l'après-midi, une femme de vingt-cinq ans, captive en fuite depuis quatre ans, est reprise et mise aux fers. Thierno, lui-même, enfonce les tenons de fer qui emprisonnent les chevilles de la patiente dans une énorme bûche. La malheureuse, assise par terre, le torse nu, reçoit une pluie glacée ; elle tremble, mais paraît résignée. Cependant, la nuit venue, on met la pauvre femme à l'abri sous un vérandah.

La séance de justice, commencée à Timbi, s'est terminée ici. Un prévenu, accusé d'injures graves envers Thierno, s'entend condamner à recevoir quatre cents coups de corde ou à payer une forte amende. Il ne peut payer et reçoit immédiatement la terrible correction. Maintenu à plat ventre sur le sol, le dos nu, le patient attend l'ordre du chef qui est entouré du jury.

— *Avoua!*

Le bourreau laisse tomber le fouet à quatre branches sur les reins du pauvre hère, qui, à chaque coup, demande pardon à Thierno-Mahadïou.

Un pareil spectacle me révolte et, au deuxième coup, je prie Bayol de demander la grâce du malheureux ; mais, avec beaucoup de justesse, Bayol me répond que nous n'avons pas à nous mêler des affaires des autres.

Ce côté féroce du caractère de Thierno a bien attiédi la sympathie que j'avais pour lui. Pourtant il n'y a pas si longtemps que la torture a disparu de nos codes.

Je ne veux pas, cher ami, te laisser sur cette mauvaise impression. Voici, comme contraste consolant, une idylle dont j'ai été l'un des héros et qui a failli se terminer par un double mariage... Tu riras si tu veux, mais, quoiqu'en voyage, on n'en a pas moins un cœur.

Je t'ai dit plus haut que les membres féminins de la famille du chef aimaient à nous rendre visite. Parmi ce personnel aimable, deux jeunes filles, sœurs de Thierno, venaient plus souvent que les autres.

Maémouna, dix-sept ans, et Yoro, seize ans, sont toutes deux belles à ravir. Leur peau couleur chocolat, leur yeux de gazelle, leur sourire gracieux, leur voix harmonieuse, leur distinction exquise, — et il faut qu'une jeune fille, décolletée jusqu'à la taille et uniquement vêtue d'un pagne très court, ait une extrême distinction pour que cela soit remarqué ! — toutes les qualités, en un mot, qui rendent une femme séduisante, m'ont amené à être éperdument amoureux de ces deux beautés noires.

J'ai bien essayé, pendant les longs instants qu'elles passaient près de moi, de leur parler des splendeurs de notre capitale, des tramways, du square des Batignolles, du moulin de la Galette !... Mais elles m'ont répondu par un sourire malicieux et m'ont fait comprendre qu'elles ne pouvaient m'écouter... qu'en mariage seulement.

Je suis vraiment embarrassé pour donner la préférence à l'une plutôt qu'à l'autre. Les mœurs du pays autorisent la polygamie... Je n'hésite pas : je déclare à Thierno que, fortement épris de ses sœurs, je serais flatté de devenir son beau-frère.

Thierno consent à mon bi-conjungo, sous la condition que je demeurerai dans le pays. Cela ne fait plus mon affaire, car je comptais bien emmener mes femmes avec moi.

— Mais, lui dis-je, je ne puis rester dans le pays! Ici je n'ai rien, je ne possède aucune fortune! Je n'ajoute pas qu'en France c'est absolument la même chose, et je poursuis :

— Comment ferais-je pour nourrir ma famille?

— Je te donnerai une étendue de terrain aussi grande que d'ici à Timbi, répond-il, je te donnerai des bœufs et des captifs pour commencer les *lougans* (cultures). Puis, nous irons ensemble à la guerre, tu gagneras des esclaves et tu seras bientôt riche.

La proposition était tentante; cependant je n'acceptai pas. Peut-être m'en repentirai-je un jour! Je ne vis qu'un moyen de me tirer de là, j'en usai.

— Je te remercie, Thierno, et suis heureux d'avoir ton amitié, mais je ne puis rester ici. Les lois de mon pays ne me permettent pas de me marier sans l'assentiment de mes parents. Sitôt que j'aurai vu l'Almamy, je retournerai à Paris, je demanderai à ma mère son consentement, je prendrai mes papiers et reviendrai près de toi. Alors, si tes sœurs sont toujours libres, eh bien! je les épouserai.

— *Inch Allah* (à la volonté de Dieu)! Comme il te plaira, *Porton'ké* (homme du pays blanc)! Si tu reviens, tu seras le bien venu.

Qui sait, j'ai peut-être refusé le bonheur. Deux femmes qui m'auraient choyé! Deux femmes qui m'auraient donné une nombreuse famille de petits négros...

pardon, de petits Noirot... Ah! ce sont peut-être toutes ces considérations qui font que les noirs chérissent tant la polygamie : quand ils ont six femmes, ils sont six fois plus aimés que s'ils n'en avaient qu'une... Heureux mortels!!

Nous partons demain et, à moins d'accidents, nous serons dans six jours à Timbo... »

IX

A FOUCOUMBA

Le lundi 20 juin, à dix heures du matin, nous quittons Voizan, accompagnés de Thierno-Mahadiou et de ses deux chanteurs. Une foule, où dominent les femmes et les enfants, suit le cortège jusqu'à Yongassi. Désireux de faire notre connaissance, les habitants de ce village, qui presque tous exercent la profession de cordonnier, nous prient de nous arrêter un instant. Nous leur accordons une demi-heure. Pendant cette halte nous avons l'occasion d'admirer un halo solaire ; c'est le seul phénomène de ce genre que j'aie vu dans ce pays.

En quittant Yongassi, notre escorte se grossit de deux cavaliers, amis de Thierno, et de tous les gamins du village qui ont déserté l'école et trottinent à nos côtés.

Nous arrivons au *tiangol* Kokoulo. Cet affluent du Kakrima, large de quatre-vingts mètres, court rapidement sur un fond de roches glissantes et nous demande lus d'une heure pour le traverser à gué, avec de l'eau usqu'a mi-cuisse.

D'après les renseignements fournis par Thierno-Iabadïou, le Kokoulo, après avoir franchi une gorge troite que nous voyons en aval, forme la chute de Kamba-Daga et va se réunir au Kakrima, près du village e Sarésenne. Le passage terminé, Thierno dépêche en vant un des cavaliers, et, dès que nous arrivons en ue de Bourou-Kadié, nous sommes reçus par le chef du illage qui, accompagné de son *tabala* (tambour de guerre), est venu à notre rencontre.

Après les compliments d'usage le cortège se remet en narche. Si les griots, pinçant eur petite guitare, ne nêlaient pas leurs chants aux battements sourds du *abala*, notre marche ressemblerait fort à un enterrement militaire.

C'est sous un arc de triomphe, formé par les haies de urguères qui bordent la rue que nous faisons notre ntrée dans le joli village de Bourou-Kadié, où les orangers et les bananiers abritent chaque case des rayons lu soleil qui, lui aussi, dirait-on, veut nous faire fête. Toute la population mâle du village est réunie dans la cour de la mosquée, pour saluer le chef de leur *diwal* province) et les deux chefs blancs, ses hôtes.

A peine sommes-nous installés, que notre case est nvahie par une foule de curieux. Nonchalamment ssis à la turque, nous répondons à toutes les questions t écoutons les doléances des griots de Thierno, qui, ayant lu domicile chez nous, grattent des airs nationaux sur eurs guitares indigènes.

Nous recevons la visite d'un frère de Thierno qui vient 'assez loin pour nous saluer. Frère de père et de mère u chef de Timbi, c'est-à-dire frère absolu, ce beau noir, qui a la physionomie très douce et un véritable œil de gazelle, répond au nom de Omar-Sylla.

Sylla ! le nom du célèbre Romain ! Comment ce nom

a-t-il pu pénétrer dans un pays si éloigné et peu e rapports avec l'Europe?

Quand nous quittons Bourou-Kadié, presque tou la population, Thierno en tête, nous escorte jusqu l'extrémité du village. Nous serrons la main au chef d *diwal* de Timbi et nous lui faisons nos adieux comm des hommes qui ne se retrouveront plus en présenc enfin, pour reconnaître les honneurs qu'il nous a pr digués, nous le faisons saluer par une salve de ci quante coups de feu.

Quel sentiment éprouvait ce généreux noir en voya s'éloigner ses hôtes blancs? Je ne sais, mais chemina à l'arrière de la caravane, je regardai en arrière, a premier détour du chemin, et je le vis immobile à même place, les regards tournés vers nous.

Successivement, nous trouvons un pays de plus e plus cultivé, nous franchissons le *tiangol* Koubi, torre important qui porte ses eaux au Kokoulo, nous défilo devant le grand village de Brouwoil-Walarbé, nous pa sons le petit *tiangol* Dianga-Leydi sur un pont nature énorme roche plate, au centre de laquelle l'eau s'e creusé un lit.

— C'est Dieu qui a fait ce pont, dit notre guide, il a cent ans; il l'a bâti en une nuit.

Nous laissons à droite les villages de Brouwoil-Tap Bomboli, et nous arrivons à l'extrémité du plateau c Timbi, d'où nous découvrons la superbe vallée d Thénée.

Entourée de montagnes à crêtes continues qui lai sent, comme dans l'Irnangué, échapper de leurs flan de belles cascades, cette vallée, d'une étendue immens est fermée au fond par les monts qui séparent le ba sin du Bafing (Sénégal) du bassin du Niger

Nous descendons rapidement le flanc du plateau e deux heures après, nous entrons dans le village c Douria. De 27 degrés que nous avions sur le platea le thermomètre monte à trente dégrés dans la vallée.

A Dourla, nous rencontrons Itah, le courrier que, de Boké, le docteur a envoyé à l'Almamy. Il s'est acquitté de sa tâche, mais non sans flâner en route; nous n'en sommes pas moins heureux de le retrouver, car il amène avec lui Mahamadou-Saïdou, conseiller intime de l'Almamy Ibrahima Sory, chargé de nous souhaiter la bienvenue.

Mahamadou-Saïdou, qui ne devait se séparer de nous qu'en France, nous montra dès le premier jour ce qu'il devait être pendant les longs mois que nous avons eu à passer ensemble. Intelligent, gai, aimable, aucun de ses actes n'a démenti la première impression qu'il nous a faite.

Peut-être aurais-je personnellement à m'en plaindre, mais je lui ai rendu la monnaie de sa pièce et je le tiens quitte. Pendant cette première soirée, il m'a promis spontanément que, dès notre arrivée à Timbo, il me marierait. Plus tard, quand je lui ai rappelé cette promesse, il m'a dit :

— Je suis trop occupé des affaires du Fouta et de la France.

A mon tour, pendant mon séjour à Paris, lorsqu'il m'a demandé pourquoi je lui défendais de regarder trop souvent les demoiselles du Louvre, je lui ai répondu :

— Nous n'avons pas le temps. Je suis trop occupé des affaires de France et du Fouta.

Deux heures après avoir quitté Dourla, nous arrivons sur les bords du Thénée, que nous traversons sur un pont de cinquante mètres de long et dont la plateforme est faite avec des branches d'arbres, pont plus praticable pour les chèvres que pour les hommes.

Jusqu'à présent, les voyageurs qui nous ont précédés au Fouta ont cru que le Thénée était la continuation de la Falémée. D'après les renseignements qui nous sont fournis, le Thénée est un affluent du Bafing et n'a aucune ramification avec la Falémée, qui prend sa source dans la province de Labé.

A Dambouria, où nous passons la journée, nous sommes reçus par le chef, qui est justement le frère aîné d'Alfa Oumar, l'un de nos interprètes.

Nous suivons la vallée, qui est très fertile; nous traversons plusieurs cours d'eau, et, le 23 juin, à midi, nous arrivons devant Foucoumba.

Cette ville, la ville sainte du Fouta, est bâtie au pied d'une montagne à crête dentelée qui porte le même nom que la ville. C'est dans sa mosquée, la première qui fut construite par les Peulhs conquérants, que les Almamys sont sacrés rois du Fouta-Diallon. Le chef de la ville a la faveur de poser lui-même le turban sur la tête des souverains.

Comme pour Timbi, il est impossible de juger de l'étendue de la ville, tellement est épais le rideau de feuillage qui l'entoure. Guidés par le fils du chef jusqu'à la demeure qui nous est assignée, nous suivons une rue très étroite, embarrassée de roches et si encaissée que nous ne voyons pas une seule case. Après dix minutes de marche sous une voûte formée par des haies de purguères, nous nous arrêtons devant une tourelle qui sert d'entrée à la propriété que nous devons habiter. Je procède à notre installation, et, pendant ce temps, Bayol va présenter ses respects à Alfa Mahamadou-Foucoumba. chef de la ville.

Notre demeure est une dépendance du sous-chef de la ville; elle est de forme rectangulaire et divisée en deux chambres s'ouvrant sur une vérandah large de deux mètres qui fait le tour de la case. C'est dans cette maison que logent les Alamamys lorsqu'ils viennent à Foucoumba pour leur couronnement.

Vers le soir, nous allons rendre visite au chef. La propriété qu'il habite est remarquable par sa propreté t sa construction soignée. On entre d'abord dans un aste enclos bien sablé, après avoir traversé deux tou-lles où veillent des captifs et où deux-chevaux sont ttachés; huit cases, très confortables, sont rangées sur ne seule ligne. La case du maître est un peu à l'écart, t une clôture en roseau la sépare de celles qui servent 'habitation aux femmes.

Alfa Mahamadou-Foucoumba est un vieillard de oixante-dix ans au moins, qui porte des lunettes. Rien e se décide dans le Fouta sans qu'il soit consulté, — 'est lui-même qui nous l'apprend. Ce chef me fait l'effet 'être, en réalité, un rusé diplomate. En prenant congé le Son Excellence, nous lui promettons de revenir le endemain, avec la boîte à musique, dont on lui a dit eaucoup de bien.

Les jours se suivent mais ne se ressemblent pas, dit n vieil adage. Le lendemain de notre arrivée, on nous ait part d'un événement politique qui contrarie nos rojets. Une révolution de palais a eu lieu à Timbo : 'Almamy Ibrahîma s'est retiré à la campagne et a fait lace à son compétiteur, l'Almamy Hamadou, qui est ntré dans la capitale.

Le docteur Bayol se rend chez le chef pour avoir des enseignements exacts. Alfa Mahamadou lui dit que 'Almamy Ibrahîma s'est retiré à Donhol-Fella pour obéir aux lois du pays, mais qu'il n'en est pas moins le hef le plus fort et qu'il ne tardera pas à rentrer dans a capitale.

— Votre arrivée, dit-il, empêchera peut-être la guerre 'éclater entre les deux partis, mais il faut attendre un eu.

Bayol manifeste au chef son intention d'écrire aux leux Almamys, car ma commission, lui dit-il, concerne es deux rois du Fouta. Le chef l'approuve; mais, quand es lettres sont écrites, il fait porter immédiatement celle qui est adressée à l'Almamy Ibrahîma, puis il déclare inutile d'expédier la lettre pour l'Almamy Hamadou. docteur charge alors un de nos Peulhs de porter la m sive, mais celui-ci refuse en disant qu'il ne veut p se faire couper le cou. La situation tend à se comp quer.

Les choses en étaient là, quand un domestique vi nous annoncer l'arrivée d'un blanc.

— Un blanc?

Au même instant, je vois venir à moi l'Européen a noncé. Il porte un pantalon à petits carreaux, une ch mise de laine rouge, une ceinture bleue et un casqu en outre, il s'abrite sous un parasol.

— Je me nomme M. Gaboriau, dit-il; vous êtes docteur?

J'appelle Bayol.

Quel était ce blanc? Que venait-il faire au Fouta?

En prenant un petit verre de chartreuse, il nous m au courant de sa situation.

Mandataire d'un négociant de Marseille qui, depui a été nommé vicomte de Sanderval par le roi de Port gal, M. Gaboriau, en compagnie de deux Européen avait, dès le mois de mars, quitté Boulam, compto portugais du Rio-Grande, devant se rendre à Timl d'abord, puis à Balibok, pour y installer des comptoir Il ne s'est donc pas mis seul en route; mais un de s compagnons a été obligé de rentrer à Boulam, et l autre, malade, est resté dans le Labé avec la plupa des bagages. Quant à lui, avec six hommes, il a, a prix des plus grandes fatigues, continué le voyag Ayant appris au village de Kébaly que des blan étaient à Foucomba, il y est venu en toute hâte. Il e surpris de ne pas voir avec nous M. Moustier, qui, selc ce que les indigènes lui avaient dit, montait à Timbo avec quinze mulets chargés d'or.

M. Gaboriau voulait partir immédiatement pou Timbo. Le docteur le mit au courant de la situation l'engagea à dîner avec nous. Après s'être fait un peu prier, il accepta, et nous quitta afin de pourvoir à son logement.

Le docteur va voir le chef; au retour, il est triste et son visage exprime une grande anxiété. En peu de mots, il me raconte ce qui s'est passé. D'un ton des plus aimables, le vieux chef lui a dit que, si nous persistons à vouloir passer par Timbo pour nous rendre à Donhol-Fella, il est assez fort pour nous faire attaquer. attendu qu'après avoir écrit à Almamy Ibrahîma, c'est chez celui-ci qu'il faut aller d'abord.

Je me disposais à bien dîner, mais je suis furieux de ce que ce vieux renard pouvait croire qu'il nous intimidait, et la colère me coupe l'appétit; ni Bayol, ni moi ne pouvons tenir tête à M. Gaboriau, qui, s'étant rendu à notre invitation, mange avec un appétit au-dessus de tous les éloges.

M. Gaboriau nous dit qu'il avait envoyé demander au chef un gîte pour la nuit, un guide pour le lendemain; que ces demandes ont été bien accueillies et qu'il partira à la première heure pour Timbo.

D'autre part, Mahamadou Saïdou nous a assuré que le *Porton'ké*, croyant aller à Timbo, sera conduit par son guide à Donhol-Fella. Le docteur prévient M. Gaboriau qu'on le trompe; mais celui-ci ne tient pas compte de l'avis, disant qu'il verra bien si on ne le conduit pas à Timbo.

M. Gaboriau nous rend un grand service en nous donnant un thermomètre, afin de remplacer le dernier qui est cassé depuis quelques jours. Il prend congé de nous, à une heure déjà avancée. Restés seuls, nous constatons avec peine que les Peulhs de notre escorte, qui d'habitude couchent autour de nous, ont déserté et emmené avec eux notre petit domestique Gassimou. Mahamadou-Saïdou et Hamadou-Ba sont restés; nos Ouolofs, enfermés dans leur case, dorment à poings fermés.

La situation est évidemment difficile. A tout hasard, nous nous couchons la porte ouverte, les armes à notre portée; mais nous ne fermons l'œil, ni l'un ni l'autre, de toute la nuit.

M. Gaboriau part de bonne heure. Peu de temps après, Comba, le *Satigué* (chef des esclaves) de l'Almamy Ibrahima, vient, envoyé par son maître, nous dire d'aller d'abord à Donhol-Fella, que nous y ferons les affaires de la France, et qu'ensuite il nous ferait conduire à Timbo. C'était un événement que la venue de Comba, car son maître ne l'envoie en mission que dans les cas absolument urgents. Alfa Oumar, notre interprète, qui avait passé quelques jours dans sa famille, vient nous rejoindre. Il a un long entretien avec le chef de la ville, qui est revenu à de meilleurs sentiments envers nous; ce qu'il manifeste en disant au docteur qu'il sait maintenant qui nous sommes. Le départ est fixé au surlendemain.

Voici un cas assez curieux des brusques changements de température dans ces latitudes. Par un temps splendide, à midi, le thermomètre marquait 28°; trois quarts d'heure après, au début d'une tornade, il descendait à 19°, et, à une heure et quart, il baissait encore jusqu'à 14°. La tornade passée, il remontait un peu, mais ne dépassait pas 17°.

Le 28 juin, à six heures du matin, nous prenons nos dispositions pour partir. Si nous n'avons plus rien à craindre du chef de Foucoumba, nous avons tout à redouter du parti alfaya. Des bruits d'attaque circulent; au contraire de ce qui s'est passé dans les autres villes, où tous les habitants et surtout les femmes assistaient à notre départ, la place est déserte.

Après avoir fait jouer les batteries de nos mousquetons, nous partons en colonne serrée. Le docteur ouvre la marche et je la ferme.

Au lieu de prendre la route de Timbo, nous nous renlons à Donhol-Fella par un chemin détourné qui contourne le *fello* Kourou. Avant de traverser un cours d'eau, nous le faisons préalablement éclairer. — C'est généralement aux passages des marigots que les noirs attaquent les Européens. — Nous couchons à Kongouré où nous sommes rejoints par trois hommes qui arrivent de Boké et qui nous apportent deux caisses de biscuits, moisis, hélas! plus deux litres de cognac.

Le 29 juin, nous couchons à Foulaïa, où nous perdons une mule et un cheval qui succombent à leurs fatigues. Le 30 juin, nous traversons le Bafing, qui devient plus loin le Sénégal et n'a pas moins de cent vingt mètres de large, et nous couchons sur sa rive droite au village de Thialéré. Enfin, le 1er juillet, après six heures de marche, nous arrivons en vue de Donhol-Fella, résidence de l'Almamy Ibrahîma-Sory.

Pour donner plus d'éclat à notre entree, Bayol revêt son uniforme; le pavillon est déployé et nous saluons l'Almamy d'une décharge de mousqueterie. Mais nous en sommes pour nos frais, l'Almamy est absent! Son fils Sadou nous souhaite la bienvenue et nous conduit vers la case que nous devons habiter. Elle est meublée d'un lit européen, sans matelas ni paillasse, et d'un autre lit en argile.

Nous déjeunons; mais on nous annonce que, rentrant de visiter ses *lougans* (cultures), l'Almamy vient nous voir. Nous allons à sa rencontre et l'entrevue a lieu à moitié distance de sa demeure à la nôtre. Entouré d'un groupe de cinquante piétons et de quelques cavaliers, tous armés, un homme déjà âgé, monté sur un cheval noir, s'avance vers nous et nous tend la main. C'est l'Almamy Ibrahîma-Sory, chef de la maison des Sorya, frère et successeur de l'Almamy Oumar, qui occupe le trône du Fouta-Diallon depuis onze ans. Vêtu de deux boubous, la tête ceinte du turban royal que surmonte un large chapeau de paille, ce vieillard, qui commande sur un territoire aussi grand que la France, ne se distingue que par sa grande simplicité et le respect qu'on lui porte. Sa figure, couleur chocolat, noble et douce, est encadrée d'une barbe grise, et un sourire aimable plisse ses lèvres.

Par sept fois, il nous répète le mot *toli* (entre), et il ajoute :

— Pour vous, le Fouta c'est la France. Que Dieu vous conserve la santé, ainsi qu'à vos familles et à tous les Français!

Puis il nous serre la main, et nous remettons au lendemain la réception officielle.

Enfin, nous voilà rendus au premier terme de notre voyage!

X

L'ALMAMY IBRAHÏMA-SORY

Le 2 juillet, de grand matin, Mahamadou-Saïdou nous prévient que l'Almamy est à notre disposition. Bayol se met en tenue, je revêts un costume neuf destiné aux visites officielles, et tout notre personnel fait également des frais de toilette.

L'Almamy nous reçoit dans la case qui lui sert à la fois de chambre à coucher et de salle d'audience. Quoique abritant un souverain, cette case est aussi modeste que la dernière du village : le lit de l'Almamy, qui a été mis à la disposition du docteur, est remplacé par quelques nattes étendues sur le sol; dix-sept fusils, à pierre ou à piston, sont appuyés contre la muraille; çà et là sont accrochés à des chevilles de bois arcs, carquois, sacs de voyage, couteaux, ciseaux, lunettes : ces derniers objets sont logés dans des gaînes en cuir, retenues par un cordon. Devant la couche se trouve le foyer, où brûlent deux énormes bûches qui enfument la case.

L'Almamy est nonchalamment assis sur une peau de mouton, près de la porte d'entrée; comme la veille, il est vêtu très simplement. Chacun, en entrant, serre la main au souverain et échange des compliments.

Deux escabeaux nous sont offerts.

Après des salutations et des compliments de la part du chef des Français, du gouverneur du Sénégal, etc., Bayol expose à l'Almamy le but de notre voyage et lui remet les lettres de présentation, une lettre du Tamsir (chef de la religion musulmane à Saint-Louis), et une de Youra, roi des Nallous. L'Almamy demande ses lunettes, qui lui sont remises par un aide de camp, en essuie les verres avec un coin de son boubou, les pose sur son nez, lit les adresses des lettres et dit :

— On n'y voit pas clair, sortons!

Nous nous installons sur la petite terrasse qui est devant la case; l'Almamy s'assied sur une couverture, nous en faisons autant, et l'assistance, au nombre de soixante hommes environ, prend place, notre escorte derrière nous, les Peulhs à droite et à gauche du roi.

L'Almamy, qui a l'organe très doux, lit à haute voix toutes les lettres, et, la lecture terminée, exprime sa satisfaction par le mot *gonga* (très bien)! Puis il fait une prière, répétée par toute l'assistance, afin que Dieu conserve nos jours et accorde ses faveurs à tous les *bons hommes* de France et aux musulmans de Saint-Louis.

Cette scène se passe dans une vaste cour plantée d'orangers et entourée de douze cases où habite la famille de l'Almamy. Au-dessus du toit arrondi de ces cases se profilent les montagnes qui ferment le paysage.

Nous prenons congé de l'Almamy, et presque toute l'assistance, guidée par la curiosité, nous suit jusqu'à notre demeure. A peine sommes-nous rentrés que nous recevons, de la part de l'Almamy, un bœuf vivant et du riz brut pour nos hommes; des calebasses de riz cuit, du lait caillé et des sauces assaisonnées pour notre déjeuner.

Pendant le reste du jour, nous recevons de nombreuses visites; nous ne sommes pas seuls un instant. Pour soutenir la réputation des Français, nous avons toujours le sourire sur les lèvres.

A la nuit, Mahamadou-Saïdou et Hamadou-Ba, qui ont eu un long entretien avec l'Almamy, nous apprennent que nous lui avons fait une excellente impression. Il trouve que nous sommes plus aimables que les Anglais et est tout disposé à passer un traité de commerce avec la France. En somme, c'est une bonne journée pour nous et nous sommes dans des dispositions d'autant plus agréables que la température n'a pas dépassé 28 degrés.

Le lendemain, dès le matin, Bayol tient, devant l'Almamy et les notables, un long palabre politique, agricole et commercial, qui est religieusement écouté. On discute la teneur du traité; Bayol en fait immédiatement la rédaction, notre scribe arabe le traduit et Hamadou-Ba va le présenter à l'Almamy. Il revient l'air satisfait et nous dit :

— Ça y est. Après avoir lu attentivement, l'Almamy a trouvé très bien tous les articles, et il m'a chargé de dire qu'il envoyait un bœuf et du riz pour votre dîner.

Nous décidons de faire immédiatement notre cadeau, mais Mahamadou-Saïdou, le grand ordonnateur, nous prévient qu'il faut attendre la nuit pour nous rendre chez l'Almamy. A huit heures du soir, Mahamadou-Saïdou vient nous chercher. La nuit est complètement noire, pas une étoile ne brille ; je veux allumer la lanterne ; mais Mahamadou s'y oppose, disant qu'il ne faut pas que les hommes du pays nous voient. Mahamadou-Saïdou ouvre la marche, suivi de Bayol, qui précède trois hommes portant le cadeau ; nous sommes les derniers, Hamadou-Ba et moi. Il fait tellement noir que l'on ne voit pas à dix pas ; la pluie qui a tombé toute la journée a laissé çà et là des flaques d'eau, où nous pataugeons tout à notre aise. Façon bizarre de présenter un cadeau à un monarque ! Il paraît que c'est l'habitude dans tout le Soudan.

Sans avoir échangé une parole, nous arrivons chez l'Almamy. Il est accroupi près du foyer fumeux et, éclairé par une grosse chandelle de cire, il lit des prières. Mahamadou-Saïdou s'assure que personne ne nous observe et ferme soigneusement la porte.

Bayol débute par un speech de circonstance et dit à l'Almamy que ce n'est pas un cadeau que lui fait la nation française, mais un simple kola. Il parle de nos misères, insiste sur les difficultés de la route, qui nous ont empêchés d'apporter davantage ; il expose, en un mot, tout ce que l'on peut dire, quand, donnant peu, on veut paraître donner beaucoup. Les Anglais ont fait, avant nous, un cadeau magnifique ; il faut soutenir la concurrence.

C'est la deuxième fois qu'il est question du kola. Avant d'aller plus loin, quelques explications sur ce fruit ne seront pas inutiles.

La noix de kola est le fruit du kolatier, arbuste qui ressemble à l'oranger par la forme et par le feuillage.

La noix de kola est blanche ou rouge, grosse comme une châtaigne, avec laquelle elle a beaucoup de ressemblance ; elle possède des qualités excitantes remarquables. Très estimée des noirs, pour qui elle est une friandise, elle *trompe la faim*, fait oublier la fatigue, chasse le sommeil et a la propriété de faire trouver bonnes les eaux saumâtres. De plus, les noirs lui accordent de grandes qualités fébrifuges. Quand on en mâche la chair, ferme comme celle du marron, on éprouve d'abord un goût d'amertume qui se change ensuite en un goût agréable et laisse une grande fraîcheur dans la bouche.

Le kolatier pousse surtout dans la partie de l'Afrique occidentale, dite les rivières du Sud, au Fouta, vers les sources du Niger; il produit indistinctement des fruits blancs et rouges, mais le blanc est surtout recherché.

Dans le cérémonial noir, le kola joue un grand rôle. Offrir un kola blanc à quelqu'un est la plus grande marque de sympathie qu'on puisse lui donner.

Lorsque deux souverains noirs veulent entrer en négociations, ils les font généralement précéder de l'envoi réciproque d'un kola blanc. C'est pourquoi le docteur dit à l'Almamy: ce n'est pas un cadeau, mais un simple kola.

Sur les bord du Sénégal, où le kolatier ne vient pas, le kola, communément appelé *gourou* dans toute la Sénégambie, est très recherché de la population et atteint quelquefois le prix de 75 c. et 1 fr. la pièce.

Cela dit, revenons à l'Almamy et à nos cadeaux.

Nous débutons par la boîte à musique, je la mets en mouvement et c'est aux sons de plusieurs airs d'opérette que nous développons nos trésors devant notre royal auditeur. Articles de Paris, bijoux de pacotille, écharpes, soieries, burnous, coutellerie, sabres, etc., tout lui est présenté, article par article. Pendant que, les yeux brûlés par la fumée qui a envahi la case, je remonte la serinette, Bayol, ainsi que font les commis voyageurs, fait valoir les marchandises.

Il est onze heures quand nous prenons congé de l'Almamy. Je n'en suis vraiment pas fâché, car l'atmosphère enfumée que nous respirons depuis trois heures est insupportable.

Dans l'après-midi du 4, Mahamadou-Saïdou vient nous annoncer que les courriers envoyés par son maître à l'Almamy Hamadou et aux hommes importants du pays sont rentrés ; que tous ont accepté le traité avec la France et qu'il sera signé le lendemain.

Enfin, nos efforts ont réussi. Il est évident que nos causeries à travers les pays nous ont précédés près des grands du Fouta et qu'ils sont fixés sur nos intentions pacifiques.

La disette affame le pays. Comment un territoire aussi fertile que le Fouta peut-il manquer de vivres ? On me dit que la récolte dernière n'a pas été très bonne et, de plus, que l'armée réunie par l'Almamy Ibrahîma dans ces parages pendant la saison sèche a mangé une partie des provisions ; il faut au moins quinze jours pour que le maïs soit mûr. Heureusement que l'Almamy nous a envoyé du riz en quantité suffisante pour faire deux rations, sans quoi nos hommes n'auraient rien mangé. A n'importe quel prix, on ne peut se procurer du riz ou du maïs. Aussi décidons-nous que nous renverrons à Boké les Kraomans et les Landoumans qui n'ont été engagés que pour aller jusqu'à Timbo. Cela nous fera toujours vingt-cinq bouches de moins à nourrir.

Le 5 juillet, à huit heures du matin, nous nous rendons à la case royale où l'Almamy Ibrahîma-Sory signe pour lui et les siens le traité, fait en triple expédition et rédigé en français et en arabe. Le docteur Bayol, Hamadou-Ba, Alfa Oumarou et moi, nous le signons également. Il ne manque plus que la signature de l'Almamy Hamadou, qui sera apposée dans quelques jours.

De retour à notre domicile, nous procédons au renvoi des bouches inutiles. Chacun des hommes que nous licencions reçoit un bon à toucher sur Boké pour les appointements dus.

Jusqu'au 11 juillet, jour de notre départ pour Timbo, nos journées se ressemblent à peu près toutes. Nous allons quotidiennement, matin et soir, faire visite à l'Almamy, qui paraît se plaire en notre société. Comme marque de sympathie il fait planter, devant la mosquée du village, deux orangers qui portent nos noms et qui sont destinés à rappeler notre venue dans le pays. Nos entretiens avec l'Almamy roulent presque toujours sur la grandeur de la France, sur notre civilisation, notre industrie, etc. Chaque fois que nous lui vantons l'excellence de notre outillage, de nos chemins de fer, de nos navires, etc., il nous demande si toutes ces choses ont été inventées par les Arabes et depuis combien de temps nous les avons.

Le docteur donne un drapeau français à l'Almamy, qui pour marquer sa satisfaction nous dit :

— Je vais faire écrire dessus des versets du Koran et je le porterai toujours à la guerre.

Le temps que nous ne passons pas en visites est consacré à en recevoir ou à prendre des notes. Malheureusement, des enfants, sans doute, ont volé notre unique thermomètre et je ne puis plus établir la température qu'à l'estime. Je ressens de nouveau les atteintes de la fièvre, j'ai des accès assez violents qui durent de trois à quatre jours et me laissent une grande courbature; je conserve même des douleurs persistantes au foie.

Un enfant de Timbo, venu à Donhol-Fella tout exprès pour nous voir, nous donne des nouvelles de M. Gaboriau. Il est malade, ne veut recevoir personne, et trouve difficilement à manger.

Parmi les gens de qualité qui nous honorent de leur visite se trouvent beaucoup de parents de l'Almamy. Un de ses frères, excellent cavalier, nous montre que, si les chevaux ne sont pas communs au Fouta, du moins ceux qu'il y a reçoivent des soins tout particuliers, et je ne suis pas éloigné de croire que le dressage se pratique au Fouta comme ailleurs. Pour obtenir que la boîte à musique joue la *Polka du Colonel*, ce gentilhomme peulh, qui monte un superbe cheval, lui fait exécuter des voltes comme l'on en voit faire dans les cirques. Subissant la pression des jambes, le cheval se met à genoux, compte, valse, fait le beau, etc., enfin un exercice de haute école, qui se termine par une charge à fond de train.

La fille aînée de l'Almamy est venue également nous voir. Cette jeune femme, de vingt-deux ans, est mariée à un prince Alfaya, Modi Abdoulaye. En visite chez son père, elle a profité de l'occasion pour faire notre connaissance. Il faut croire que l'impression que nous avons faite sur cette princesse est excellente, car ses visites deviennent fréquentes. Je n'en suis pas contrarié ; — elle est charmante. La princesse Mariama (Marie) est ce que nous appellerions une boulotte, qui, au contraire de toutes les femmes du pays, qu'accompagne toujours une odeur de graisse rance, exhale un parfum de musc assez pénétrant. Il n'y a qu'une chose désagréable chez elle, c'est qu'elle chique du tabac à priser; ce n'est pas propre. Sa qualité de fille aînée de l'Almamy lui donne des prérogatives que le commun des mortels se garderait bien de critiquer; aussi, ne se gêne-t-elle pas avec nous, elle s'assied volontiers sur nos lits et se plaît à comparer la blancheur de nos bras au bistre des siens. Pour nous montrer ses talents chorégraphiques, elle esquisse même un pas de danse d'une certaine élégance. Nous lui faisons cadeau de bijoux faux, bracelets, épingles, colliers arabes, etc., dont j'orne moi-même son front et sa poitrine ; ce qui ne semble point lui déplaire, car elle se trémousse de plaisir, et rit aux éclats. Enfin dans sa reconnaissance, dès qu'elle apprend que je suis malade et que je me suis retiré dans une case inhabitée pour goûter un peu de repos, elle vient, en compagnie d'une suivante, s'informer de l'état de ma santé et, pour chasser la fièvre, elle me masse elle-même avec empressement. Les mœurs de la bonne société peulh sont parfois bizarres ; mais, à coup sûr, elles sont pleines de déférence et d'égards pour les étrangers de distinction.

XI

TIMBO

Laissant le gros de nos bagages sous la garde de quelques hommes, le 11 juillet, avec Mahamadou-Saïdou et notre escorte, réduite à trente trois-hommes, nous partons pour Timbo.

En une étape de vingt-quatre kilomètres, nous franchissons une suite d'ondulations de terrain, de bas-fonds inondés, de ruisseaux débordés, nous traversons le grand village de Saréboval, et nous arrivons à Sokotoro, résidence princière située à l'ouest de Donhol-Fella, sur la route de Timbo.

C'est dans un charmant vallon, formé par une chaîne de petites montagnes développées en forme d'arc, à une faible distance du Bafing qui en représente la corde, que Sokotoro est bâti. Ce village frais et coquet, où les orangers abondent, était la résidence favorite de feu l'Almamy Oumar. C'est là que ce souverain reçut les voyageurs français Hecquart et Lambert. En arrivant, nous faisons halte sur une place entourée d'une double ligne d'orangers, au milieu de laquelle est dessiné u grand carré, formé de pieux en bois de quarante centimètres de hauteur. C'est sur cette place, paraît-il, que l'Almamy Oumar rendait la justice.

Sokotoro appartient aujourd'hui à Alfa Mahamadou-Paté, fils aîné de l'Almamy Oumar. Il est absent, mais un noir, envoyé par lui, nous annonce que nous le verrons le lendemain à Kobilato où il surveille ses cultures. Nous nous installons et, immédiatement, la population du village envahit notre demeure : c'est la règle.

Nous passons la soirée en compagnie de six forgerons qui, dit-on, sont les plus habiles du pays. Ces hommes qui ont appartenu à l'Almamy Oumar sont maintenant la propriété de Mahamadou-Paté. La conversation roule sur les métaux, le fer et l'or ; ils nous racontent que le précieux métal se trouve dans les environs, où jadis on l'a exploité, mais que les Almamys ont fait combler les puits et ont interdit de le rechercher, parce que les habitants négligeaient leurs cultures. Voilà une marque de haute sagesse. Entre temps, le griot Woppa, premier chanteur de Mahamadou-Paté, nous régale de quelques-unes de ses compositions, qu'il joue sur la guitare indigène. Elles ne manquent pas de goût et accusent chez cet homme un certain sens musical.

La muraille intérieure de notre case est illustrée de dessins d'une naïveté toute primitive... On dirait l'œuvre d'un enfant de six ans.

Vingt minutes après avoir quitté Sokotoro, dès le matin du 12 juillet, nous arrivons sur la rive droite du Bafing ; nous passons ce fleuve à l'aide d'une grande pirogue qui, depuis vingt ans, sert à cet usage et à dix heures nous sommes en vue de Kobilato.

Nous annonçons notre arrivée par une salve de cinquante coups de feu et, quelques minutes après, nous sommes en présence d'Alfa Mahamadou-Paté. L'héritier du trône des Sorya est entouré d'hommes armés et de ses griots, qui chantent à tue-tête. En peu de mots, il nous assure de son dévouement aux Français qu'il aime beaucoup.

— J'étais enfant, dit-il, quand Hecquart est venu voir mon père : j'ai encore la lettre qu'il lui écrivit lors de son retour au Sénégal; je me rappelle bien mieux Lambert, j'avais alors dix-sept ans; c'était un bon garçon. Le cheval qu'il envoya à mon père vécut douze ans, j'en ai conservé le harnachement.

Voilà la case que vous allez habiter, il n'y en a pas de meilleure ici; c'est celle où couche l'Almamy, quand il va à Timbo. Reposez-vous et tantôt nous causerons.

Effectivement, dans l'après-midi, Alfa-Mahamadou-Paté vient avec une suite nombreuse. Il est très content du traité signé par son oncle et demande à y apposer sa signature. Il nous annonce qu'il vient de faire tuer deux bœufs pour nos besoins et nous prie de passer la journée du lendemain chez lui, car il a encore trois bœufs qui nous sont destinés. Bayol objecte que l'on nous attend à Timbo, mais Mahamadou-Paté répond que ce n'est pas là un obstacle et qu'il va faire prévenir l'Almamy Mahamadou. Ordonnant à sa suite de le laisser seul, Mahamadou reste avec nous et reçoit le cadeau qui lui est destiné, cadeau qui paraît lui faire un grand plaisir.

Avant la nuit, et comme Bayol est indisposé, je me rends seul chez le prince qui me reçoit très amicalement. C'est un joyeux compère, amateur de grivoiseries. Notre conversation, très décousue, roule un peu sur tout, même sur la question religieuse, dans laquelle nous ne sommes pas d'abord du même avis.

Je me garde bien de contrarier ses convictions.

Alfa Mahamadou-Paté est un bel homme : ses larges épaules portent une tête expressive; ses traits, un peu forts, sont réguliers ; sa chevelure est nattée et il porte un chapeau du pays par-dessus une calotte blanche.

Mahamadou-Saïdou, avec le pittoresque que mettent les noirs dans leurs récits, nous raconte sur Mahamadou-Paté des épisodes qui donnent à réfléchir sur son apparence débonnaire.

— Mahamadou-Paté, me raconte Saïdou, est le fils aîné de l'Almamy Oumar et l'un des hommes les plus riches du Fouta ; c'est un bon garçon qui aime beaucoup les pauvres. Quand son père mourut, il prit tout son héritage, or et captifs, Sokotoro, Nénéya, Hélélya et d'autre *foulassos* situés de l'autre côté de Timbo ; il laissa cependant quelques *foulassos* à ses frères. Mais ceux-ci n'étaient pas contents de Mahamadou, qui gardait tout l'or et tous les captifs. Modi Abdoulaye, qui est son frère de même père et de même mère, n'osait rien dire ; mais Ibrahîma-Sory et Boubakar-Biro, qui sont fils d'une autre mère, n'étaient pas contents et disaient que Mahamadou devait partager avec eux ; Mahamadou voulait tout garder et, pour n'être pas inquiété à ce sujet, il invita Ibraïma, qui était aussi un bon garçon, à venir manger le riz avec lui.

— Ibrahîma, salamalécom !

— Malécom salam, Mahamadou !

Tu vas bien ? Moi aussi, et ils mangèrent ensemble. Mais Mahamadou-Paté avec donné l'ordre à ses captifs de tuer son frère pendant qu'il mangerait. Les captifs frappèrent Ibrahîma avec des bâtons jusqu'à ce qu'il fût mort. Comme Ibrahîma était grand marabout, on ne lui coupa pas le cou, parce que le fer n'entame pas la peau des marabouts. Quand l'Almamy Ibrahîma-Sory apprit que Mahamadou avait fait tuer son frère, il donna ordre de l'arrêter pour le tuer aussi ; mais Mahamadou-Paté se sauva. Alors tous les chefs du Fouta, tous les bons hommes du pays vinrent à Timbo pour dire à l'Almamy de pardonner à Mahamadou. Almamy ne voulait pas, mais tous les chefs embrassèrent la terre et Almamy pardonna. Mahamadou-Paté, qui s'était sauvé à Labé, revint à Sokotoro et tout fut oublié.

— Mais, demandai-je, Mahamadou partagea-t-il les captifs et l'or avec ses frères ?

— Non, il a tout gardé et on n'ose rien lui dire, parce qu'il est trop brave ; et puis, c'est un bon garçon que les hommes du Fouta aiment trop !

Une autre fois encore, il a tué un homme du Labé, qui avait trop regardé une de ses femmes. Le chef de Labé voulait qu'on tue Mahamadou, mais Almamy a dit qu'on ne pouvait pas tuer un homme qui avait pris onze villages. Aussi Mahamadou-Paté ne va jamais à Labé, parce qu'on lui ferait son affaire.

Le *foulasso* de Kobilato est contigu à deux autres appelés Nénéya (*maison de maman*) et Helélya. Ces trois résidences, d'une étendue considérable, où les cultures sont magnifiques, attestent la grande fortune du propriétaire. Mahamadou-Paté ne passe que la journée à Kobilato ; le soir, il va coucher à Nénéya, propriété qu'il affectionne beaucoup.

Pendant la seconde journée que nous passons à Kobilato, Bayol souffre beaucoup de la fièvre ; néanmoins, il faut recevoir les visiteurs et remplir divers devoirs de convenance. *Néné* (maman) Omou, la mère de Mahamadou-Paté, qui habite une propriété voisine, envoie un homme de sa maison pour nous présenter ses respects, Bayol expédie à cette reine notre sergent Bagnic et Mahamadi-Bayla pour lui rendre sa politesse.

Le jeudi 14 juillet, quoique levés de très bonne heure, nous ne quittons Kobilato qu'à dix heures. Mahamadou-Paté, qui ne me semble pas matinal, s'est fait attendre; il s'excuse, prétextant une forte migraine. Quand on est en retard, on trouve toujours une excuse. Avant de nous séparer, il nous fait promettre qu'au retour nous passerons chez lui.

Pendant que je suis la route de Timbo, Bayol s'en écarte un peu et va faire une visite à *Néné* Omou ; peu après, il rejoint la caravane. Nous gravissons, par un chemin des plus mauvais, le flanc du fello Hélélya. Arrivés au col du même nom, nous admirons la belle vallée de Timbo, qui se développe devant nous. Seulement, de ce point, on ne peut juger de l'étendue de la capitale du Fouta ; un pli de terrain la masque en partie et on ne voit que quelques cases et la mosquée, qui se détachent sur la masse des arbres du cimetière.

Nous descendons le revers de la montagne et nous faisons halte à la porte de la ville. Bayol revêt son uniforme, nous nous formons en ordre et, comme nous l'avons fait à Donhol-Fella, nous saluons l'Almamy Hamadou par un feu de salve ; Dimba-Kassé chante de toute la force de ses poumons, et nous faisons notre entrée dans la ville. Il est midi, un soleil magnifique — le soleil des tropiques — déverse des flots de lumière sur le pavillon français qui flotte en tête de notre petite troupe.

Attirée par la fusillade, la foule se presse sur notre passage. Nous avons la satisfaction de serrer la main à M. Gaboriau, qui, malgré la fièvre, est venu au-devant de ses compatriotes.

Sous les regards curieux d'une foule silencieuse, en quelques minutes nous arrivons à la demeure qui nous est destinée.

Mahamadou-Saïdou et Hamadou-Ba vont, de notre part, saluer l'Almamy Hamadou et lui demander s'il peut nous recevoir. Peu d'instants après ils reviennent et nous annoncent que nous pouvons faire notre visite officielle.

— Almamy Hamadou a cru, dit Hamadou-Ba, en entendant les coups de fusil, que c'était Almamy Ibrahima-Sory qui venait l'attaquer et il avait fait seller son cheval pour se sauver plus vite. Je lui ai dit : N'aie pas peur, ça n'est pas pour *attaquation!* La poudre a parlé pour ton honneur!

Nous nous rendons immédiatement au palais de l'Almamy.

Ce n'est qu'après avoir traversé un corps de garde, qui s'ouvre sur la rue, et puis deux tours qui séparent des cours où veillent des captifs, que nous arrivons à la case royale. Ni plus ni moins luxueuse que les autres cases, elle est très propre et n'a de remarquable que la porte qui est ornementée d'arabesques. Un lit en bois de *tchické* en constitue tout l'ameublement.

L'Almamy Hamadou est un homme de quarante ans environ. Sa figure d'un noir mat exprime la mélancolie; son regard, qui se porte sur moi et sur notre suite, semble inquiet. Après les salutations d'usage, le docteur lui expose le but de notre voyage, fait un palabre sur l'utilité du traité et les avantages que les Foulahs en retireront. L'Almamy écoute attentivement, mais ne répond pas grand'chose. Nous lui annonçons que nous le reverrons dans la soirée et nous prenons congé. Somme toute, entrevue froide. D'un commun avis, nous estimons que l'Almamy Hamadou est un peureux qui sent très bien la supériorité de son compétiteur Sorya.

En quittant la case royale, nous allons faire une visite à notre compatriote, logé à côté de nous. M. Gaboriau a la fièvre depuis son entrée à Timbo, qui date de quatorze jours; il est très fatigué et à mauvaise mine. Rapidement, il nous met au courant des ennuis qu'il supporte depuis son arrivée.

Afin de célébrer la fête de notre nation, M. Gaboriau nous offre un petit verre d'extrait de menthe Riclès, la seule boisson dont il ait encore un flacon à demi consommé.

Après un repas modeste, car on nous a volé notre

provision de viande, nous retournons chez l'Almamy, chargés des cadeaux qui lui sont destinés.

Hamadou est surpris des richesses que nous lui donnons et ne peut dissimuler son contentement. Moins réservé que tantôt, il nous avoue qu'il n'a jamais vu d'aussi belles choses. Battant le fer pendant qu'il est chaud, nous lui présentons le traité qu'il signe pour lui et les siens.

A l'heure où Paris illuminé resplendit de clartés, à l'heure où la foule se presse pour admirer le feu d'artifice, le jour où la France entière célèbre la grande fête républicaine, le jeudi 14 juillet 1881, le *Fouta-Diallon* tout entier est à jamais placé sous le protectorat de la France! et, pour me servir de l'expression pittoresque de Mahamadou-Saïdou, maintenant Français et Foulahs, c'est même père et même mère!

Pour complaire à l'Almamy Hamadou, nous passons la journée du 15 juillet à Timbo, mais c'est bien à contre-cœur et par déférence pour ce monarque : notre logement est si misérable que nous le quitterions sans regrets. Toute la nuit, nous avons été mouillés par l'averse qui n'a pas cessé et, à chaque instant, il a fallu changer nos lits de place. Non, la case des ambassadeurs ne brille pas par le confortable. Heureusement que nous n'y passerons plus qu'une nuit.

Bayol a la fièvre et reste couché presque toute la journée.

C'est dans la plaine qui s'étend devant Timbo, près d'une source appelée *Boundou*-Balleïa, que l'observateur peut voir cette ville dans son ensemble. Bâtie au pied d'une montagne à deux sommets appelés le grand et le petit Hélélya, la capitale du Fouta s'étend de l'est à l'ouest et n'a guère plus d'un kilomètre de longueur. Cette ville, que l'on nous avait décrite comme une cité considérable, possède à peine trois cents cases et ne compte peut-être pas mille cinq cents habitants; encore pour la plupart, en cette saison, sont-ils dans leurs *foulassos*. Timbo ne peut pas s'agrandir, car n'ont droit de cité que les fils des fondateurs.

Je rentre en ville et je parcours les deux plus grandes rues dans le sens de la longueur et de la largeur. Montre en main, je mets quatorze minutes pour parcourir la ville de l'ouest à l'est, et cinq minutes du nord au sud. Les palais des deux Almamys, ceux de Modi Diogo, de Modi Maka, la mosquée et le cimetière occupent plus d'un tiers de la superficie de la cité.

Mahamadou-Saïdou, qui me sert de cicerone, me fait visiter le palais de l'Almamy Ibrahîma et ses dépendances. La propriété royale forme un grand polygone irrégulier, clos par un mur en terre que préserve de la pluie un petit toit en chaume.

Deux entrées, l'une grande et l'autre petite, donnent accès dans l'intérieur. La grande entrée s'ouvre sur une place où l'on remarque la façade de trois autres maisons de notables. Le vestibule est une case rectangulaire, percée au milieu d'une porte où l'on peut passer à cheval. A droite et à gauche, ce bâtiment est divisé en chambres plafonnées par des bambous artistement entre-croisés, où veillent les captifs. Le toit en chaume de ce corps de logis déborde sur la façade et forme une vérandah de deux mètres de large, où les oisifs se réunissent pour causer. La petite entrée est formée simplement par une tourelle qui s'ouvre sur une rue latérale.

La case royale est isolée du reste de la propriété par une palissade en chaume, qui ne permet pas aux étrangers de voir les dépendances. De forme circulaire, comme toutes celles du pays, cette case ne se fait remarquer que par sa construction très soignée ; elle est percée de quatre ouvertures, très basses, fermées par des panneaux en bois de *thiéli* (bois rouge). Un lit très bas, fait de ce bois, est le seul meuble qui décore ntérieur. La charpente est faite de bambous choisis, si ipprochés les uns des autres que l'on ne peut voir le aume de la couverture. Quant au toit, il est d'une aisseur remarquable et, au lieu d'être uni comme ux des autres cases, il est formé de paillons superosés.

Douze cases ordinaires, où habite la famille, et un rand jardin, ombragé d'orangers, de citronniers, de apayers et de bananiers, complètent la résidence oyale de l'Almamy Ibrahîma-Sory.

L'ébénisterie peulh mérite certainement une mention, l'on tient compte de ce que ces panneaux de porte rès soignés, ces lits supportés par de petites colonnes ort bien tournées ne sont exécutés qu'à l'aide d'une achette.

La mosquée, aussi grande que celle de Foucoumba, st moins ancienne. C'est la seconde qui ait été construite au Fouta. Quelques orangers, dont les fruits sont estinés aux passants, ornent la place. A côté, une etite case en paille où on lave les cadavres sert d'enréc au cimetière. C'est un épais fourré où s'élèvent des rbres de toute beauté. On n'y entre que pour les inhunations et jamais on n'y coupe de bois. Sans aucune clôture, ce champ du repos, où sans crainte les oiseaux nstallent leurs nids, est entouré par une allée qui est bordée de plates-bandes sur lesquelles poussent les ares fleurs du pays. En rentrant chez nous, Mahamadou-Saïdou m'indique les deux ballons qui surplombent Timbo et me dit :

— Tu vois? quand petit Héléya sera aussi haut que grand Héléya, Alfaya sera aussi fort que Sorya.

Si j'en crois Mahamadou-Saïdou, qui paraît assez connaître l'histoire des Peulhs, la capitale du Fouta, avant l'envahissement des Peulhs, était habitée par les *Dialon'ké* (hommes du Dialo), possesseurs du sol, et s'appeait Gongovie (grandes maisons). Il n'y aurait pas plus de 127 ans que les Peulhs envahisseurs ont changé l nom de cette ville en celui de Timbo, qui, dit-or signifie terme et indiquerait que les Peulhs croyaien limiter leurs conquêtes à cette ville. "'aucuns assuren que Timbo serait le nom d'un rui, au, connu seulement des Almamys, où, avant ntreprendre un guerre, ils iraient faire des ablutions pour que Dieu fû propice à leurs armes.

Depuis que la ville de Timbo existe sous ce nom, ell aurait, paraît-il, été brûlée plusieurs fois pendant de guerres internationales et pendant les guerres civile des deux partis qui divisent le pays.

Le 16 juillet, nous quittons Timbo. Bayol, toujour souffrant, retourne à Donhol-Fella, en passant pa Sokotoro. Je me sépare de mon compagnon pou quelques jours; avec quatre hommes et le petit Hamidou-Nagué pour guide, je vais chez Modi Diogo, qu habite à Eriko.

Mon petit guide est un enfant de onze ans, bien amusant; très proprement vêtu de deux petits boubous, i porte sous le bras droit un petit sac à provisions e peau de mouton; il est coiffé d'un chapeau de paill qu'il pose de côté, et en marchant il se cabre comm un guerrier.

Je franchis, dans la direction du N.-N.-E., une suit d'ondulations qui forment de petites vallées arrosée par des ruisseaux et en partie couvertes de cultures Au-delà du *tiengol* Saman, affluent assez important d Bafing, je m'élève rapidement et franchis la croupe d *fello* Saman, qui a 250 mètres d'élévation au-dessus d la vallée. Au sommet, le sentier coupe un plateau complètement dénudé, puis il reprend son cours au milie de la brousse.

Près d'un ruisseau qui chante sous la feuillée, mon petit guide et les hommes de mon escorte jettent des feuilles vertes sur un tumulus.

— Jette aussi des feuilles, me dit mon domestique.

J'apprends que c'est la sépulture d'un grand chef mort dans un combat qui a eu lieu à cette place.

La clairière se déboise de plus en plus pour faire place aux cultures; le coup d'œil est magnifique. Bien au-dessous de moi, j'admire la belle vallée où est bâti le grand village de Eriko, dont les nombreuses cases éparpillées se cachent sous des orangers. Bornée au premier plan par le *fello* Féreïndé, la vallée suit dans la direction du N.-O. au S.-E. le pied des *pellé* (pluriel de *fello*) Dimbi, Talévi, Tiélivi, dont les échancrures me laissent voir vers l'est une chaîne de montagnes située au-delà de Donhol-Fella. Le mauvais état de la route m'oblige à faire cette étape de quatorze kilomètres à pied. Aux premières cases du village mon jeune guide me demande de monter le mulet pour entrer au village : aussi excite-t-il l'envie des gamins qui le regardent passer.

J'apprends par quelques femmes que Modi Diogo est absent et que je ne puis entrer sans sa permission. Au bout d'une demi-heure, arrive un jeune homme à cheval, qui dit se nommer Modi Yaya (Jean) et être le fils de Modi-Diogo. Il m'installe immédiatement dans une case et fait prévenir son père de mon arrivée. Vers le soir, Modi Yaya vient me saluer de la part de son père qui actuellement est dans un de ses *lougans* sur le *fello* Fereïndé ; il ajoute qu'il lui est recommandé de me bien traiter et que le lendemain matin il me fera conduire à Fereïndé. Soit !

Je n'ai rien pour faire ma cuisine, car j'ai compté sur la libéralité de mes hôtes, et je trouve que le déjeuner se fait bien attendre. Six heures, sept heures du soir arrivent et je suis encore à jeun. Mes hommes, qui cependant ont grignoté des têtes de maïs toute la journée, sont impatients de prendre quelque chose de plus substantiel et se plaignent d'être bien délaissés. Je leur raconte des histoires de brigands et leur conseille de faire comme moi, de dormir; j'assure que, demain, nous déjeunerons mieux. Ils se résignent et se rattrapent en faisant la cour aux quelques femmes qui, malgré l'heure avancée, restent dans ma case et me regardent étonnées. Enfin, à neuf heures et demie, on apporte une énorme calebasse de riz cuit, du lait caillé et du *mafé* (sauce faite d'oseille et de piment).

Les langues de mes quatre hommes caressent leurs lèvres, pendant que des yeux ils dévorent la calebasse. Je me sers copieusement et leur abandonne le reste. Le silence est complet, on n'entend plus que le bruit des mâchoires.

Dès le matin du 17, un homme d'Erikò nous conduit près de Modi Diogo. Après une heure d'ascension, nous arrivons au *roundé* Féreïndé, qui couronne le sommet de la montagne. Je suis reçu par le riche propriétaire de tant de domaines, qui, en signe de bienvenue, me donne un *kola*.

Modi Ibrahîma Diogo est un homme qui a dépassé la soixantaine, mais très bien conservé; sa figure est fine et bienveillante, son regard doux et pénétrant, sa toilette est soignée et simple à la fois. En un mot, Modi Diogo a l'abord très sympathique. Ses fonctions spéciales en font l'homme le plus important du pays. C'est le *Diambroudyou-Maoudou Poul-Poular*, c'est-à-dire le grand porte parole du Fouta, titre donné au président du conseil des Anciens. Son rôle auprès des Almamys a beaucoup d'analogie avec celui des maires du Palais sous nos rois fainéants. C'est lui qui a pour mission de veiller au respect de la Constitution. Du reste, sa parole est toujours écoutée.

Quant à la fortune de ce puissant personnage, elle est, paraît-il, très considérable. Outre la belle vallée de Eriko, il possède des *roundé* sur toutes les montagnes du voisinage et dans plusieurs contrées du pays. Il aurait, dit-on, cinq mille captifs; jamais il ne manque de riz, et, comme il est très généreux, il secourt ceux dont les récoltes ont été mauvaises.

En politique, il appartient au parti Sorya; du reste, il est allié à cette famille, mais ses attaches ne l'empêchent pas de remplir impartialement son mandat: lorsque l'Almamy Sorya a fini son temps d'exercice, il lui signifie de faire place au compétiteur Alfaya.

Très honoré de ma visite, Modi Diogo m'exprime le regret de ne pas voir le docteur.

— Enfin, dit-il, dans quelques jours, j'irai à Donhol-Fella et je verrai votre ami. J'espère que son indisposition ne durera pas. Vous allez déjeuner, vous vous reposerez un peu, pendant que j'irai voir mes *lougans*, et tantôt nous causerons.

Modi Diogo me fait donner des vivres; puis il monte à cheval et part pour ses champs. Mes quatre hommes et mon petit camarade, le jeune Hamidou Nagué, partagent mon succulent déjeuner et ne tarissent pas d'éloges sur le généreux maître de Féreïndé.

Dans l'après-midi, Modi Diogo vient, comme il a dit, causer avec moi. Je lui expose l'objet de ma visite et il est très sensible aux remerciements que je lui adresse pour l'appui qu'il a donné à la conclusion du traité. Je lui offre un petit cadeau, — il en paraît satisfait, — et le beau Koran qui en fait partie semble lui plaire particulièrement. En remerciement, il me donne un mouton pour mon souper; puis il retourne aux champs jusqu'au soir.

La journée me paraît très longue; seul dans ma case, le va-et-vient de notre caravane me manque; bien repus, mes hommes sont couchés sous l'oranger et ne font pas le moindre bruit.

Un peu avant la nuit, Hamidou Nagué, qui doit retourner coucher chez sa sœur à Eriko, vient prendre congé de moi. Le gamin ne peut se résoudre à me quitter; il a fortement envie de mon gilet dont les boutons dorés lui tirent l'œil. Je lui donne deux pièces de cinquante centimes et vais l'accompagner jusqu'à l'extrémité du plateau. Avant de nous séparer, ce pauvre enfant me serre les mains et fond en larmes; puis il descend en courant le flanc de la montagne. Décidément le climat influe beaucoup sur mon système nerveux, car je suis ému aussi et je rentre dans ma case l'esprit assailli de pensées mélancoliques... Et plus un brin de tabac pour changer le cours de mes idées!

Modi Diogo me fait souhaiter une bonne nuit, et, bercé par le roulement d'une violente tornade, je m'endors à neuf heures du soir.

Le matin du 18 juillet, je prends congé de Modi Diogo. Il me fait présent d'un second mouton et me témoigne le désir de me reconduire un peu. Nous montons à cheval, et, descendant le flanc de la montagne, nous prenons la direction du Sud; après une demi-heure de marche, Modi Diogo me serre la main et va surveiller des cultures qui sont proches. Nous suivons pendant quelque temps un plateau boisé, peuplé de singes qui fuient à notre approche; puis le terrain s'abaisse légèrement et nous conduit jusqu'au bord du Saman, que nous retrouvons. Nous gravissons le *fello* Gabaland, montagne très cultivée et couverte de *foulassos* appartenant aux riches habitants de Timbo; nous nous arrêtons quelques instants près d'une abondante source, le *boundou* Gabaland, qui jaillit d'un amas de roches ombragées par de beaux arbres; puis nous atteignons un *baowal* immense qui forme le sommet de la montagne. Pendant près de deux heures, nous cheminons sur cette plaine de pierre où la marche est très pénible, mais d'où nous pouvons admirer le beau panorama du Bafing, de Sokotoro, Kobilato, Nénéya, Hélélya, pays dont j'ai déjà parlé. Après de nombreux détours, pour gagner la vallée, nous rejoignons la route de Kobilato, et, à deux heures, nous entrons à Sokotoro, où je trouve le docteur, retombé malade depuis la veille.

Pendant que je déjeune, Bayol m'apprend qu'il a expédié le traité au consul de France à Sierra-Léone, afin que celui-ci le fasse parvenir à Paris.

Je passe le reste de la journée en compagnie d'Alfa Mahamadou-Paté, qui manifeste beaucoup de plaisir à me revoir.

— Si tu étais retourné à Donhol-Fella par une autre route, dit-il, je n'aurais pas été content de toi et tu n'aurais plus été mon camarade. Viens, nous allons voir mon frère Modi Abdoulaye.

Et il me présente à un gros garçon qui lui ressemble beaucoup, mais qui paraît moins aimable. Ensuite, Mahamadou-Paté me conduit chez lui.

Mahamadou-Paté s'allonge sur une natte près du foyer et m'invite à faire comme lui. Pour complaire à Son Altesse, il faut que je dessine un lion, puis un éléphant, etc. Ensuite, elle veut absolument lutter avec moi. Cet homme, trois fois gros comme moi, ne manquerait pas de me *tomber;* aussi j'esquive la lutte, où je perdrais mon prestige, en lui disant que les blancs ne luttent jamais qu'au revolver. Enfin, je quitte ce vieux camarade lorsque l'on vient me chercher pour dîner.

Pendant la veillée, un griot Bambara, qui joue fort bien de la flûte, nous fait apprécier son talent et de virtuose et de compositeur; il tire vraiment de très beaux sons de ce morceau de bambou percé de cinq trous. Puis, un autre individu, un captif *prestidigitateur*, nous fait très adroitement quelques tours de passe-passe. Où cet homme peut-il avoir appris la prestidigitation?

Le 19 juillet, dès le matin, nous prenons nos dispositions de départ; il tombe une pluie fine qui promet de durer. Bayol va mieux; mais, à mon tour, j'ai la tête lourde et je sens venir la fièvre. Mahamadou-Paté me dit que, si j'étais désireux de me marier, il me ferait cadeau d'une femme. Mais le moment est mal choisi et je décline cette offre gracieuse.

Nous partons à sept heures de Sokotoro et nous arrivons à Donhol-Felia à midi. Pendant la route, mon malaise s'est accentué sous l'influence des alternatives de pluie et de soleil, et, au moment de notre arrivée, je suis en proie à un accès si violent que je n'ai qu'un désir, celui de me coucher.

XII

FRAGMENTS D'HISTOIRE PEULH

Ce chapitre, qui dépeint les habitudes, les mœurs e les coutumes des noirs du Fouta, sera bien mieux rendu par quelques extraits d'une lettre que j'adressai de Donhol-Fella à l'un de mes amis, M. Sutter Laumann :

« Donhol-Fella, 23 juillet 1881.

Cher ami,

..... Après un voyage d'environ deux mois à travers un pays splendide, où les termites (fourmis blanches) construisent des huttes de terre qui souvent font croire à la présence d'un village humain, où la tornade atteint une violence dont nos plus forts orages ne donnent qu'une faible idée, après avoir escaladé une suite de montagnes coupées de vallées qui rappellent tout à la fois les Vosges, le Jura et l'Auvergne, après avoir franchi cent douze cours d'eau, nous arrivons à Donhol-Fella le 1er juillet.

... Le traité est signé en bonne et due forme. Pendant que nous nous reposons sur nos lauriers, en attendant une décision qui nous permette de continuer notre voyage, la fièvre nous assiège Bayol et moi. C'était inévitable. Aujourd'hui que nous ne sommes plus soutenus par une surexcitation nerveuse et que la détente s'est produite, nous subissons les conséquences des fatigues et des privations.

J'ai vu Timbo, la capitale du *Fouta Dialo*, ainsi que prononcent les Peulhs. Eh bien ! tu pourras dire aux prétendus historiens de l'Afrique, qui placent dans cette mystérieuse contrée des villes considérables où grouillent des populations très denses, tu pourras dire qu'ils n'ont vu ce pays que dans les lunettes de l'imagination. Timbo possède au plus cinq cents habitants et la population des autres cités dont j'ai pu apprécier l'étendue est très inférieure à ce qui nous était raconté par les naturels. La population de Foucoumba, Douria, Koussy ou de Bambya n'excède pas cinq cents âmes.

Sur un parcours de cinq cents kilomètres, j'ai rencontré quatorze chevaux et un âne, mais pas le plus petit animal féroce, pas le moindre serpent. En revanche, j'ai vu beaucoup de fourmis de toute espèce, des caravanes de singes, de grands troupeaux de bœufs, de moutons et de chèvres.

Donhol-Fella n'est pas une ville, mais un charmant village bâti au centre d'un paysage ravissant qui te mettrait au mieux avec l'Afrique occidentale et détruirait la mauvaise impression que te laissèrent les plaines sablonneuses et arides du Sénégal, où, pour toute végétation, il ne pousse que quelques poteaux télégraphiques !

Donhol-Fella est situé sur un petit plateau flanqué de deux marigots qui malheureusement rendent le pays malsain. Ce n'est qu'une résidence royale, qui appartient à l'Almamy Ibrahîma-Sory. Outre la réunion des cases qui composent le palais, d'autres propriétés groupées à l'entour sont données en apanage aux fils de ce souverain et à quelques notables, conseillers intimes. Nous logeons dans une de ces propriétés, qui appartient à Alfa Salifou Kambaya, actuellement envoyé en mission sur les bords du Niger.

Les cases qui entourent la nôtre sont habitées par les cinq femmes de Salifou : la première femme a bien soixante ans et la jeune n'en a pas vingt-cinq. Nous faisons très bon ménage avec nos voisines, dont j'ai gagné les bonnes grâces ; la mère Kadè (prononcer Cadet), notamment, me témoigne beaucoup d'amitié, mais c'est généralement chez la belle Aëçata que je passe mes soirées.

Comme dans nos villages de France, on se réunit dans une case pour la veillée. Groupés autour d'un feu pétillant, les hommes, les enfants et les femmes, nos voisines, rient, babillent, se divertissent à l'aise. Les femmes se mettent en frais de coquetterie avec les hommes qui leur font un brin de cour ; les enfants gambadent et se roulent de tous côtés ; les éclats de rire retentissent à chaque instant. Parfois on raconte des histoires. Quant à moi, lorsque vient mon tour, j'aime mieux chanter. Quoi ? Ce qui me passe par la tête ; mais c'est toujours à la plus grande joie de l'assistance, dont les jeux et les rires cessent comme par enchantement et qui m'écoute bouche bée. Aussi dès que, fatigué, je veux m'arrêter, tous protestent, et crient : « Encore ! »

Presque tous les jours, je fais, seul ou en compagnie de Bayol, une promenade sur le plateau. Mes yeux ne se lassent pas d'admirer le panorama des vertes montagnes qui chevauchent jusqu'à l'horizon.

Et quels noms ! Ce sont, à l'est, les *pellé* (monts) Dioudou-Konko, Sorokoma, Tangama ; puis, au sud, les *pellé* Sembrekom, Tienguel, Perndou, Couyari, Baréma, Contat. Ceux-ci masquent le pays des Houbous (qui craint Dieu), Peulhs dissidents qui ne reconnaissent pas l'autorité des Almamys. Bien loin dans le sud-ouest, j'aperçois les montagnes violettes de Eriko-Kampo ; puis je vois, à l'ouest, les *pellé* Timbo, Gabaland, Sokotoro, Diela-Fongua et enfin, au nord, les monts Sarébo-val et Bagala, qui se terminent en pente douce pour donner passage à la route de Dinguiray, ville située dans le nord-est.

Les champs de riz, de maïs, de fognié couvrent les environs. Certes, c'est un bien joli site que celui où nous nous trouvons. Que sera-t-il donc dans un avenir lointain, bien lointain par exemple, quand on y verra de jolis cottages, des villages européens que relieront de jolies routes animées par des équipages et des cavaliers ? Rêves, illusions. que fait naître la fièvre et que la fièvre dissipe !

Ma première impression sur les Peulhs ne s'est pas modifiée : tels je les ai trouvés, à mon entrée dans le pays, tels je les vois encore. Simples, hospitaliers, mais, hélas ! peu vêtus. La toilette des grands de la nation, des chefs même, est des plus modestes ; on dirait, ma foi ! qu'ils affectent une simplicité exagérée dans leur mise. Des belles écharpes brodées, des burnous, des vêtements que nous leur avons offerts, personne ne s'est revêtu ; on les réserve pour les donner en récompense aux sujets méritants.

Je me plais beaucoup au milieu de ces hommes simples et bons. Je trouve les femmes aussi gracieuses, aussi curieuses, aussi coquettes que chez nous, et les enfants ont des espiègleries qui me rappellent celles de nos moutards.

Nous sommes surtout pourchassés par le petit Sory, garçon de onze ans, fils de Boubakar-Biro, qui est élevé chez son oncle l'Almamy. Il nous a voué une grande amitié et, quand il n'est pas à l'école, il est chez nous, ce qui ne l'empêche pas, à l'occasion, de se moquer de ses amis blancs. Je l'ai plusieurs fois surpris, avec un de ses camarades, imitant nos gestes et le son de notre voix.

— Et *biri-bi-bi-bi!* et *bara-ba-ba-ba!* Et allez donc! ils rialent aux éclats!

L'autre jour, notre jeune espiègle, qui avait trouvé un morceau de verre cassé, vint à nous, le carreau dans l'œil et, faisant l'homme d'importance, caressant ses favoris absents, il nous dit :

— *Elmémy Yesso Yesso, soldar bilibao bilibaoo! pchu, pchu! Inglesy!*

C'était l'imitation d'un docteur anglais, qui, peu de temps avant nous, était venu avec une forte escorte chez l'Almamy. Je dois ajouter que Sory, qui articulait des sons incompréhensibles, avait très bien saisi l'intonation anglaise. Il y a des gavroches partout!

Sans prétendre te faire un cours d'ethnographie, je vais te donner quelques renseignements sur les gens parmi lesquels nous vivons.

Les Pouls, Peulhs, Poulars, Foulahs, comme on voudra les appeler, ne sont pas originaires du pays qu'ils habitent. Leurs traits sont réguliers, semblables aux nôtres, et rappellent le type abyssin ou celui des paysans de la Haute-Egypte, d'où ils semblent venir.

Dans son *Essai sur la langue poul*, le général Faidherbe dit :

« Les Pouls, qui devinrent les maîtres du Soudan depuis leur conversion à l'islamisme, c'est-à-dire depuis moins de deux siècles, y sont peut-être anciennement venus de l'Orient, amenant avec eux le bœuf à bosse (Zébu), qui est le même que celui de la Haute-Egypte et de la côte orientale d'Afrique. »

D'après Mahamadou-Saïdou, il y a cent quatre-vingt-sept ans que les Peulhs se sont emparés du Fouta-Diallon, qui s'appelait, avant la conquête, Dialonka-Dangou et était habité par les Dialon'ké.

— Les Peulhs, me disait-il un jour, c'est des blancs comme vous; s'ils sont noirs, c'est que le soleil les a brûlés. Guidés par Dieu qui les aime bien, les Foulahs sont venus du *Founangué* (pays de l'Est), — où il n'y avait plus d'herbe pour faire paître leurs troupeaux — dans les montagnes du Fouta qui est un beau pays, où il y a toujours de l'eau, de l'herbe et du bois.

C'étaient les Dialon'ké qui étaient les maîtres du Fouta, mais ces hommes-là, qui buvaient du *sangara* (eau-de-vie), ne faisaient jamais salam et Dieu n'était pas content pour eux. C'était tout de même de bons garçons, car ils ont dit au Foulah : Reste là, fais des *lougans* (cultures) et tes bœufs mangeront de la bonne herbe.

Les Peulhs, qui voyaient que le pays était bon pour eux, sont venus nombreux et, quand ils ont été les plus forts, ils ont dit : Il faut que les Dialon'ké fassent la prière comme nous. Alors ceux qui étaient chefs des Peulhs ont dit aux chefs du Dialo : Il faut faire salam avec nous, c'est Dieu qui l'a dit. Mais les kéfirs (infidèles) ont répondu : Nous sommes chez nous et nous ferons comme nous voudrons; si vous n'êtes pas contents, il faut quitter le pays.

Alors les Peulhs ont fait la guerre aux Dialon'ké, qui n'avaient pas la force, et ont gagné le pays jusqu'à Foucoumba. Ces Peulhs-là, c'étaient des Raldin'ké, des Sidin'ké (1), c'étaient les fils de Sidi et de Raldi, qui commandaient à Tombouctou.

Un de ces hommes-là qui était de la famille de Sidi s'appelait Kikala; c'était un grand marabout (homme pieux). Alors les Poulars ont dit : c'est lui qui est notre chef! et Kikala a été chef. Quand il est mort, c'est son fils Sambigou qui l'a remplacé. Mais Sambigou avait

(1) La finale n'ké signifie « homme de » et est employée par les Peulhs pour désigner les habitants d'un pays quelconque.

deux fils, Nohou et Malik-Si, qui étaient aussi de grands marabouts.

Quand Sambigou est mort, ils voulaient être chefs tous les deux, mais ça n'était pas bon. Alors les Peulhs ont dit : Voilà Karamoko-Alfa, qui est le fils de Nohou. Dieu l'aime trop parce qu'il est grand marabout ; il faut qu'il soit le chef du Fouta, et Karamoko-Alfa a été le premier grand chef. Ce n'était pas Almamy, mais c'était comme Almamy.

Karamoko faisait salam toute la journée et aussi toute la nuit. Avec les autres chefs et avec Modi Maka le grand-père de Modi Digo, qui était le grand porte-parole des Peulhs, il a dit : Dieu n'est pas content parce que les hommes ne font pas salam ! Alors les Peulhs ont pris les lances et les flèches et ils ont fait la guerre aux buveurs de *sangara*.

C'est Karamoko qui commandait. Il a rencontré Kondé Biramo qui était commandant des Kéfirs. On a fait la bataille et Kondé Biramo, qui était le plus fort, a gagné. Il a pris beaucoup de captifs et a coupé le cou au chef des Pouls. Karamoko-Alfa s'est sauvé, mais il n'avait plus la tête solide.

Kondé Biramo a bâti un *tata* (forteresse) près de Foucoumba et a dit : Maintenant c'est moi le maître, j'ai la force, et si les Poulos ne travaillent pas bien les *lougans*, je leur couperai le cou. Les Pouls n'étaient pas contents d'être captifs et ils ont dit : Il faut tuer Kondé Biramo.

Modi-Maka, qui avait beaucoup de tête, a dit : Celui qui sauvera les Peulhs, c'est Alfa Ibrahîma, fils de Malik-Si. C'était le cousin de Karamoko. Ibrahîma a appelé tous les hommes et a dit : Nous allons casser le *tata* de Kondé Biramo, mais il faut faire salam et Dieu nous accordera la force. Les hommes de Alfa Ibrahîma ont rencontré les Kéfirs au *tiangol* Sirakouré, près de Timbo, ils ont fait une grande bataille et Ibrahîma qui avait obtenu la force a tué Kondé Biramo ainsi que sa femme Ava Birama, qui commandait aussi les guerriers, et il a coupé le cou à ceux qui ne voulaient pas faire salam.

C'était bon pour les Peulhs, cette affaire-là, et les Dialon'ké, qui n'avaient plus la force, ont fait salam. Mais Ibrahîma n'était pas content, parce qu'il y avait des hommes de Kondé Biramo qui s'étaient sauvés du côté de Donhol-Fella; il a couru après et les a tous tués !

La guerre était finie et les anciens du pays étaient trop contents pour Ibrahîma; ils ont fait le palabre et Modi-Maka a dit : — Ibrahîma, c'est un grand guerrier, il faut le nommer Almamy du Fouta et puisqu'il fait toujours la bataille quand le soleil se lève, il s'appellera *Sory* (le matinal). Ibrahîma Sory a été le premier Almamy du Fouta.

Le Fouta était déjà un grand pays, et le conseil des Anciens a décidé que l'Almamy aurait sa maison à Timbo, mais qu'on le couronnerait toujours à Foucoumba, parce que c'était la première *missida* (mosquée ou capitale) des Peulhs.

Almamy Ibrahîma a fait comme le conseil avait dit, et il est venu rester à Timbo, qu'il avait gagné sur Kondé Biramo et qui, dans ce temps-là, s'appelait Gongovi (grandes maisons). Maintenant cela fait cent vingt-sept ans que Timbo est la grande missida du Fouta-Diallon.

Voilà, cher ami, un fragment historique qui peut servir à l'histoire des Peulhs. J'ai suivi, autant que possible, la traduction faite, par notre interprète, sous la dictée de Mahamadou-Saïdou.

D'après lui, ce sont des pasteurs nomades qui ont constitué l'État peulh. A cette époque, le pays n'était pas divisé en deux parties ; ce n'est que plus tard, à la mort du premier Almamy, que cette scission se serait produite ; voici comment :

L'Almamy Ibrahîma Sory, que ses conquêtes avaient fait surnommer *Mahoudou* (le grand), était fatigué des luttes qu'il avait soutenues et, sans abandonner le pouvoir, désirait se reposer quelque temps. Il demanda alors à son cousin Alfa Salifou, fils de Karamoko-Alfa, s'il voulait bien gouverner à sa place, pendant qu'il irait à la campagne pour prendre du repos. Salifou accepta et rendit le pouvoir à son cousin, quand celui-ci rentra dans sa capitale.

Cet accord n'avait rien de préjudiciable aux intérêts du pays ; l'Almamy céda plusieurs fois le pouvoir à Salifou, ce qui donna naissance à deux partis : les Sorya, partisans de l'Almamy Ibrahîma Sory, et les Alfaya, partisans d'Alfa Salifou. Quand l'Almamy Ibrahîma mourut, laissant une descendance de cent enfants, son fils Sadou lui succéda et voulut conserver le pouvoir sans partage ; mais Abdoulaye Bademba, fils de Salifou, prétendit aussi au titre d'Almamy. Il engagea une guerre entre Soryas et Alfayas, où l'Almamy perdit la vie, dans un combat qui eut lieu sous les murs de Timbo.

Le pays était donc divisé et sa prospérité pouvait être compromise par ces prétendants des deux partis qui voulaient le pouvoir absolu. Alors Modi Maka réunit le conseil des Anciens et proposa de prendre un Almamy dans chaque parti, lesquels règneraient alternativement de deux en deux ans. Abdoul Gadirou, frère de Sadou, fut nommé Almamy Sorya et Abdoulaye Bademba, Almamy Alfaya.

Des difficultés ne tardèrent pas à s'élever de nouveau entre les deux souverains, une guerre s'engagea et Abdoul Gadirou, vengeant la mort de son frère Sadou, tua Abdoulaye Bademba, qui fut remplacé au pouvoir par son fils Boubakar ; puis, les dissensions recommencèrent et elles continuent même à l'heure actuelle. Comme dit Mahamadou-Saïdou, Alfayas et Soryas font souvent la guerre, mais on ne se fait pas beaucoup de mal. Les Peulhs, qui ont de la tête, auront toujours deux chefs, parce que, si l'un est mauvais et garde tout pour lui, on va chez l'autre : deux Almamys, c'est bon pour le Fouta.

Je pourrais, cher ami, te donner la liste chronologique des souverains Alfaya et Sorya qui ont gouverné les Peulhs, mais c'est inutile. Quand je t'aurai dit que l'Almamy Abdoul Gadirou était le père de Ibrahîma Sory, l'Almamy actuel des Sorya ; que l'Almamy Boubakar était père de Hamadou, l'Almamy Alfaya, et que Modi Maka, le chef du conseil des Anciens, était le grand-père de Modi Ibrahîma Diogo, le président actuel, tu te rendras compte, aussi bien que moi, qu'il n'y a guère plus de cent quatre-vingts ans, que les Peulhs, sous la conduite de chefs sans commandement défini, ont envahi le Dialo, pays des Dialonké, devenu par la fusion de ces deux races le Fouta-Diallon.

Cet État, qui s'étendait de l'Océan aux rives du Niger, ne devait pas garder longtemps son autonomie. Un Almamy Alfaya, Boubakar, donna Dinguiray et son territoire à El Hadji Omar, toucouleur ambitieux, né sur les bords du Sénégal, qui revenait d'un pèlerinage à la Mecque.

C'est de cette ville que ce pèlerin, qui avait une réputation de saint, partit avec une armée, se grossissant sans cesse, et ravagea le Bambouc, l'empire des Bambaras, et fit de Ségou, sur le Niger, la capitale des Etats qu'il avait conquis.

Un autre événement, qui eut pour point de départ une futilité, détacha de l'unité Peulh une fraction de ce peuple, qui, sous la conduite d'un grand marabout, Modi Mamadou Dioué, se réfugia dans les montagnes, u sud de Donhol-Fella, et forma la nation des Hou-ous (qui craint Dieu).

Voici le fait, tel que me l'a raconté Mahamadou-aldou; seulement je te fais grâce de son style imagé.

C'était au commencement du règne de l'Almamy Ou-nar. Modi Mamadou Dioué, chef de Lamina *missida* du *iwal* de Fodé-Hadji, revenait chez lui après avoir passé ept ans chez un chef maure qui lui avait appris le Ko-an. Mamadou Dioué avait une grande réputation de ainteté et de tous côtés on venait demander des *grigris* amulettes), qui possédaient de grandes vertus et qu'il aisait payer très cher. L'Almamy Ibrahîma, au temps ù il n'était qu'Alfa, fit son éducation chez ce grand marabout qui avait déjà de nombreux *talibés* (élèves) et tait très vénéré.

Un jour, le fils du chef de Baïlo et un de ses parents llèrent installer un *roundé* (habitation d'esclaves) dans n des villages bâtis sur le versant du *fello* Contat et lantèrent du manioc. Les *talibés* de Mamadou Dioué, ui en voulaient au propriétaire du *roundé*, vinrent un oir arracher le manioc et bouleverser le *lougan* (cul-ure). Le propriétaire leur demanda les motifs de leur nauvaise action : les jeunes gens répondirent que cela e le regardait pas, qu'ils ne connaissaient que le ma-about et que, s'il n'était pas content, ils lui disaient... n mot grossier intraduisible). Une rixe s'ensuivit et n captif fut tué.

Le chef de Baïlo, mécontent de ce désordre, se plai-nit à son souverain qui dépêcha deux notables à Modi amadou Dioué pour essayer d'arranger l'affaire. Le rand marabout reçut les envoyés avec beaucoup de dé-rence, tua un bœuf pour leur déjeuner, parla de Dieu, e Mahomet en termes si éloquents que tout le monde eura et conclut en disant que ses *talibés* et lui étaient our Dieu et que l'Almamy ne le regardait pas !

De retour à Timbo, les envoyés rendirent compte

de leur mission à l'Almamy Oumar, qui ne voulut rien entendre ; il arma ses captifs et se mit en campagne.

Les hostilités durèrent des années. Tour à tour les Houbous et les soldats de l'Almamy furent vainqueurs ; mais les Houbous ne voulurent jamais se soumettre. Modi Mamadou Dioué mourut de chagrin et fut remplacé par son fils Abal (le Sauvage).

Voyant qu'il ne pouvait réduire seul les rebelles, l'Almamy Oumar invita son cousin Ibrahîma, l'Almamy Alfaya, à marcher avec lui contre les troupes d'Abal. La campagne des deux alliés ne fut pas heureuse ; ils furent vaincus et se sauvèrent chacun de son côté. Les Houbous s'emparèrent de Timbo, d'où ils furent d'ailleurs bientôt chassés, après un combat sanglant.

L'Almamy Oumar, que ses guerres continuelles avec les Houbous discréditaient près de ses concitoyens, renonça à harceler les rebelles afin de reconquérir sa popularité, et, confiant le gouvernement à l'Almamy Ibrahîma Alfaya, il partit convertir les infidèles du N'Gabou, au delà du Rio-Grande.

Ibrahîma, qui avait une revanche à prendre sur les Houbous, résolut de leur faire la guerre et entreprit une campagne funeste pour lui, car il y perdit la vie.

Je te transcris aussi fidèlement que possible le pittoresque récit de cette dernière bataille, l'épopée des Houbous, que raconte d'une si étrange façon Mahamadou-Saïdou.

— Almamy Ibrahîma a fait l'*attaquation* des Houbous, à côté du village de Boketto. Les Houbous, qui avaient beaucoup la force, ont fait la bataille deux heures avant que le soleil se couche. Tout à coup, les Peulhs ont gagné la peur et ils se sont sauvés, mais l'Almamy Ibrahîma, qui voulait gagner tout de même la bataille, ne s'est pas sauvé et il s'est assis sur le bord du *tiangol*..

— Viens ! disaient les Peulhs.

— Non ! je ne veux pas, je reste ici.

Et Almamy est resté. Un Houbou, qui voyait que l'Almamy était tout seul, est venu à côté de lui et lui a donné un coup de sabre, puis il s'est sauvé pour chasser les autres Peulhs qui couraient trop fort. Un petit captif a couru chez Abal, le chef des Houbous, et lui a dit :

— L'Almamy est assis sur le bord du *tiangol;* il ne bouge pas et il pleure.

Abal vint près de l'Almamy, lui toucha la main et lui dit :

— Salamalecom, Almamy !

— Malecomsalam, Abal.

— Viens avec moi dans le village.

— Non, je ne veux pas aller dans le village, je reste ici.

— Viens, reprit Abal, viens dans ma maison, je te ferai soigner.

— Non, je ne veux pas aller dans ta maison, Abal, je veux mourir ici ; fais-moi tuer.

— Comme tu voudras !

Et Abal partit dans sa maison et dit aux captifs : Prenez des bâtons et allez tuer l'Almamy, qui est assis sur le bord du *tiangol*.

Alors les captifs ont tué l'Almamy avec des bâtons parce que le sabre ne coupe pas la peau des grands marabouts.

Mamadou, qui était le fils de l'Almamy, dit aux autres Peulhs : Mon père ne vient pas, il faut aller le chercher. Mais quand il a vu que l'Almamy était mort, il s'est assis à côté et on l'a tué.

Ba-Paté, qui était l'autre fils de l'Almamy, est venu, il s'est assis et on l'a tué. Et puis après, cinquante Peulhs qui étaient des hommes de l'Almamy sont venus et on les a tués. Pendant tout le temps qu'on tuait les Peulhs, Bay, qui était le griot, chantait. Quand le dernier Peulh a eu le cou coupé, on a tué aussi Bay et un autre griot qui était un toucouleur. C'étaient des hommes trop courageux, ces Peulhs-là !... Il y avait du sang plein le *tiangol* qui était tout rouge !

Pendant ce temps, l'Almamy Oumar mourait de la fièvre à Dombi-Hadji et son frère le remplaçait sous le nom d'Almamy Ibrahima-Sory. Depuis son avènement au trône, il n'a pas fait la guerre aux Houbous en mémoire de Mamadou Dioué, qui fut son instituteur, et aussi à cause de son amitié pour Abal, son ancien condisciple.

Quant à Hámadou, successeur de l'Almamy Ibrahima, mort à Boketto, qui occupe actuellement le pouvoir, il n'a pas la moindre velléité belliqueuse et même, dès qu'il entend des coups de fusil, il a bonne envie de se sauver.

Enfin, comme dit Saïdou, la guerre avec les Houbous, ce n'est pas bon pour le pays, parce que Foulahs et Houbous, c'est même père et même mère.

Aujourd'hui, l'Etat peulh, dont la superficie est presque aussi grande que celle de la France, possède une homogénéité peu commune. Il est régi par une constitution qui dénote chez les Foulahs un esprit très pratique et une grande sagesse.

Le gouvernement, qui réside à Timbo, est entre les mains de deux Almamys, qui détiennent alternativement le pouvoir de deux en deux ans et sont assistés d'un conseil des Anciens ; les membres de ce conseil sont inamovibles et ont à leur tête un président également inamovible, appelé *Diambrou-diou-Mahoudou-Poul-Poular* (le grand porte-parole des Peulhs).

Quoique les deux partis soient bien divisés au Fouta, rien ne s'y fait sans le consentement des deux Almamys et du conseil des Anciens. L'Almamy en disponibilité, s'il est plus âgé que celui qui règne, a même la priorité dans le conseil, ainsi que nous avons pu le remarquer à propos de notre traité. L'Almamy Hamadou a laissé faire son cousin qu'il appelle son père ; car, dit-il, plus vieux que moi, il doit être plus sage.

Le Fouta est divisé en treize provinces appelées *diwals*, qui ont pour capitales : Timbo, Foucoumba, Labé, Bouria, Kébâli, Colladé, Colëin, Koïn, Timbi-Thouni, Timbi-Médina, Ballo, Fodé-Hadji et Massi. A lui seul, le *diwal* de Labé est presque aussi grand que tous les autres. Quelques *diwals* se subdivisent en demi-provinces.

Les chefs de *diwal* sont nommés par les Almamys et chaque province a deux chefs qui, ainsi que les souverains, alternent au pouvoir. Les chefs de province nomment à leur tour les chefs de village, qui suivent aussi le sort de l'Almamy dont ils sont partisans.

Donc, comme l'Etat, chaque province a ses deux chefs, assistés d'un petit conseil, et chaque village a également deux maires, assistés par quelques notables, qui rappellent les échevins.

Les changements de pouvoir ne s'opèrent pas toujours sans produire quelque agitation ; mais le calme est vivement rétabli.

La capitale s'appelle *Missida-Mahoudou* (grande mosquée). Les autres villes, si elles ont une mosquée, se nomment simplement *Missida*. Une résidence de campagne est un *foulasso*, une habitation isolée est une *marga* et une agglomération d'esclaves s'appelle *roundé*.

L'impôt, basé sur le système de la dîme, enlève un cinquième des récoltes. La perception se fait par l'entremise des chefs, du plus petit au souverain. Un cinquième est également prélevé sur les héritages.

En cas de décès d'un chef de famille, ses veuves et leurs enfants sont partagés entre les frères héritiers du défunt.

Malgré toutes mes questions à ce sujet, je n'ai pu

savoir si ces femmes devenaient effectivement les épouses des héritiers. Il doit cependant y avoir des exceptions à cette règle, car la reine Omou, mère de Alfa Mahamadou-Paté, héritier présomptif des Sorya, qui devrait être la femme de son beau-frère l'Almamy Ibrahima, est devenue la femme de Alfa Hamadou Foucoumba. Il est vrai qu'elle n'habite pas avec son second mari : elle vit dans une propriété voisine de celle de son fils aîné.

La justice est l'apanage des chefs, assistés de quelques notables. La cour se tient d'ordinaire à la demeure du chef, ou devant la mosquée. Un greffier lit à haute voix le texte de la loi quand le prévenu est reconnu coupable.

Un prévenu condamné par le conseil de son village peut en appeler devant le chef de province, qui juge en dernier ressort.

Les crimes politiques sont jugés par le conseil des Anciens.

Les peines encourues sont de un à quatre cents coups de corde, selon la gravité du délit; de la perte d'une main pour un vol important, et de la décapitation pour l'assassinat.

Les huissiers, les gendarmes, les avoués, les avocats, surtout, sont inconnus ici : il arrive cependant qu'un homme de bonne volonté défend son camarade.

Le prévenu se rend au tribunal sur la simple invitation du chef, et un voleur est rarement trois jours avant d'être arrêté.

J'ai assisté à des corrections par le fouet, mais je n'ai pas vu d'exécution capitale et, à vrai dire, je n'y tiens pas; seulement Mahamadou-Saïdou m'en a conté les péripéties.

Le coupable est conduit en dehors du village, à l'endroit où l'on enterre les suppliciés. Plusieurs notables assistent à l'exécution. Le patient creuse sa tombe lui-même et se couche dedans pour s'assurer qu'elle est assez longue; puis, il se relève, et une discussion, pour la forme, s'engage entre les assistants.

— Il ne faut pas lui couper le cou.

— Si!

— Non!

— Si, il l'a mérité!

Etc.

Pendant ce temps, un homme désigné d'avance se promène autour du patient et, pendant que celui-ci suit la conversation avec le vague espoir d'obtenir sa grâce, d'un coup de sabre habilement donné, le bourreau lui abat la tête. L'habileté dans cette opération consiste à ne pas s'y reprendre à deux fois et à rattraper la tête sur la pointe du sabre.

Les récidivistes sont pour ainsi dire inconnus.

Avec de l'argent on peut racheter sa peine, mais il en faut beaucoup.

Par exemple, on n'accusera pas les habitants du Fouta de vanter la supériorité de leur race, car depuis que nous sommes en relations avec eux, ils n'ont cessé de nous dire :

— Fais bien attention; le Foulah n'est pas bon, il est menteur et voleur!

Cependant, je dois dire que, malgré l'avertissement qui nous a été donné par l'Almamy, aussi bien que par le dernier de ses sujets, rien jusqu'à présent ne nous a été dérobé, si ce n'est un thermomètre dont quelques gamins, sans doute, auront fait un jouet.

Les chefs du pays jouissent d'un grand prestige auprès des administrés. C'est avec un respect mêlé d'admiration que les Peulhs prononcent le nom *Almamy* et, si le roi reçoit indistinctement le dernier des captifs et le premier de ses sujets, on ne l'aborde jamais sans s'incliner profondément en lui touchant la main.

Tu vois que ce peuple cultivateur et guerrier est très

intéressant et que, si l'on voulait établir des comparaisons, nous leur serions peut-être inférieurs sur plus d'un point.

Pour clore ma lettre, quelques nouvelles sur notre santé. Bayol va couci-couci et moi de même; nous sommes fatigués et la fièvre nous tourmente de temps à autre.

Quant à nos animaux, à part un mulet à peu près valide et un autre incapable d'aucun service, ils sont tous morts. Il est vrai que nous les avons remplacés par deux singes et un youyou (sorte de perroquet).

Nos hommes nous causent parfois des ennuis; il faut crier sans cesse et les raisonner comme des enfants. Il y a deux jours, ils voulaient faire « la révolution », comme ils disent; l'un d'eux a même été blessé d'un coup de sabre à la jambe; tout cela pour une ration de riz. L'Almamy les a fait appeler chez lui, les a sermonnés et a promis qu'à la prochaine mutinerie il y aurait distribution de coups de fouet; l'ordre a été rétabli immédiatement.

Enfin, en terminant cette courte étude sur les habitants du Fouta-Diallon, je dois rendre hommage à leur urbanité et à leur hospitalité vraiment écossaise. J'en garderai le meilleur souvenir

XIII

LES PEULHS CHEZ EUX

La rapidité avec laquelle nous avons fait la route de Boké à Timbo ne nous a guère permis de faire d'amples observations sur l'état social du pays. Néanmoins, pendant que le docteur employait la plupart de son temps à soutenir des entretiens politiques avec les hommes importants, je me faufilais dans les intérieurs et étudiais de mon mieux les mœurs des Peulhs.

Dans la société peulh, l'esclavage est la plus grande source de richesses et il y est tellement enraciné qu'il faudra un temps considérable avant que cet état d'avilissement disparaisse. Les esclaves, que l'on appelle plus communément des captifs, sont achetés aux caravanes qui viennent de l'intérieur, ou pris à la guerre. Le captif représente une valeur courante.

Il ne faut cependant pas croire, comme nous sommes enclins à le faire chez nous, que les esclaves sont très malheureux. Au Fouta, ils sont considérés comme des membres inférieurs de la famille et ils travaillent pour le maître.

Les esclaves se divisent en plusieurs catégories.

Les captifs de case, qui font partie de la maison, jouissent de toute la confiance du maître et sont sa garde la plus fidèle. Ils sont, la plupart du temps, mieux vêtus que le patron et l'étranger les prend facilement pour des personnages.

Les captifs de *lougans* habitent des fermes et travaillent les champs sous la surveillance d'un autre captif de confiance appelé *Satigué*.

Les griots, les forgerons, les bijoutiers, les cordonniers, les tisserands, etc., tous les hommes qui exercent une profession quelconque sont des captifs d'ordre supérieur. Comme les captifs de case, ils ne peuvent être vendus qu'en cas de faute grave; alors c'est une peine sévère.

Outre les captifs de *lougans*, les riches propriétaires ont une réserve d'esclaves qui servent aux échanges et qu'ils donnent souvent en cadeau à leurs fidèles. C'est pour ceux-là seulement que la condition d'esclave est pénible, car ils sont considérés comme des animaux.

Il existe aussi une autre classe composée d'hommes libres et d'esclaves affranchis. Ces hommes se donnent à un homme puissant dont ils deviennent les courtisans et les parasites.

Toutes les belles choses qu'il a sont pour eux; il pourvoit à leur nourriture, à leur logement et à leur entretien.

Ces individus, qui rappellent les clients romains, sont appelés *balébé* (homme de).

Les Peulhs suivent la morale du Koran. Fervents musulmans, mais non fanatiques, austères, ils prient cinq fois souvent, ne dansent pas et ne prennent que rarement des distractions, dont les griots font du reste tous les frais.

Trois ou quatre fois par semaine, une réunion de savants *corrige* le Koran. L'Almamy est censé avoir le livre type tel que Dieu l'a soufflé à Mohamed. Les savants du village apportent leurs livres, l'Almamy lit à haute voix et les autres suivent.

Quand une sentence échappe à leur sens, ils la suppriment pour la remplacer par une autre plus appropriée à leurs besoins. Aussi le Koran a-t-il été fortement modifié par les Peulhs.

L'instruction est très répandue au Fouta. Chaque *missida* possède une école dirigée par un marabout. Les cours ont lieu, matin et soir, autour d'un grand feu. On n'y apprend que des versets du Koran écrits par le maître sur une tablette de bois que possède chaque élève. Quand un élève fait une faute, il reçoit une taloche. — Les maîtres d'école sont partout les mêmes!

Toute l'école de Donohl-Fella, conduite par son professeur, le grand marabout Karamoko-Mare-woine, nous a honorés d'une visite. Je n'ai jamais rien vu de plus pittoresque comme école en promenade.

Karamoko-Marewoine, qui est précepteur des enfants de l'Almamy, a une atrophie complète des muscles locomoteurs, et ses pieds ont la forme de deux moignons.

Pour aller et venir, il se sert de ses mains et de ses genoux qui sont garnis de chaussons de cuir. Quand il se déplace, Karamako a une ânesse, fort bien caparaçonnée, sur laquelle on le hisse, et, hue Cocotte! il part, suivi de ses élèves.

A l'arrivée des visiteurs dans notre cour, Karamoko-Marewoine, monté sur sa bourrique, ouvre le cortège. Une douzaine d'enfants, garçons et filles, leur *alwoll* (tablette) à la main, hurlent une leçon, et Sory, tout en lisant, tire par la longe un petit bourricot, fils de l'ânesse du maître, qui ne veut pas marcher. La scène est comique !

Arrivés devant notre case, un noir prend Karamoko dans ses bras et le dépose à terre; alors, se traînant sur les mains et sur les genoux, celui-ci entre chez nous pendant que les gamins restent à la porte.

Après avoir parlé de choses et d'autres, Karamoko-Marewoine nous donne un échantillon du savoir-faire de ses élèves. Sur son ordre, les gamins braillent de nouveau et, ce qui me surprend le plus, c'est que le maître reconnaît celui qui fait une faute au milieu de cette cacophonie.

Karamoko nous présente son jeune fils, sur lequel il fonde de grandes espérances. — Il est étonnant pour son âge !

Nous félicitons chaudement l'illustre professeur de Donhol-Fella, sur la bonne tenue et le savoir de ses élèves, et le cortège prend congé de nous.

En politique, le Peulh est assez fin et ne conclut rien avant de bien posséder son sujet. Défiant à l'excès, il retourne vingt fois la question afin de s'assurer que l'on ne veut pas le tromper.

En industrie, il fabrique le fer, prépare les cuirs, fait des objets de poterie et tisse le coton du pays.

Les hauts fourneaux sont assez nombreux. Un peu partout on voit en terre des cloches surmontées d'une cheminée, qui font ressembler ces appareils à des fragments de locomotive semés çà et là dans les champs.

Le minerai de fer est traité à la mode dite catalane. Pendant la saison des pluies, on ne fait aucun travail de ce genre; aussi je n'ai pu voir moi-même comment les Peulhs pratiquent la métallurgie du fer. Assurément le minerai n'est pas difficile à extraire, car on n'a qu'à se baisser pour en ramasser. Partout on rencontre des conglomérats ferrugineux qui paraissent très riches en métal.

Le fer est employé à la fabrication des outils et des armes. Haches, pioches, faucilles, clefs, cadenas, fers de flèches et de lances, couteaux, sabres, etc., tous ces objets sont fabriqués par les forgerons du pays, dont l'outillage est des plus simples.

La forge des Peulhs est tout ce que l'on peut rêver de plus primitif : une paire de pinces grossières, une masse de fer pour marteau, un soufflet fait avec deux peaux de mouton, et c'est tout. Ce qui n'empêche par ces artisans de fabriquer des boucles de harnais, des éperons, des étriers, voire même des bijoux d'or et d'argent.

Les cuirs sont préparés par les soins des cordonniers et leurs produits sont aussi beaux que les nôtres. Les peaux de mouton surtout, teintes en différentes nuances, servent à confectionner des sacs, des fourreaux de sabre, des gaines de couteau, des étuis de toutes sortes assez bien décorés. Les peaux de bœuf servent généralement à fabriquer des semelles de sandale et les ouvrages de cuir qui réclament plus de force.

La poterie est l'ouvrage exclusif des femmes. Elles font des marmites, des pots, des cruches (dites gargoulettes) pour recueillir l'eau, etc. Quoique fabriqués sans le secours d'aucun instrument, tous ces objets sont très réguliers et même de forme élégante. Par exemple, la cuisson laisse à désirer, ce qui tient probablement aux moyens employés : on réunit les objets au centre d'un grand feu de paille, que l'on alimente pendant deux heures environ ; puis, on laisse refroidir.

Le coton est récolté, cardé et filé par les soins des femmes ; ensuite, le tisserand le tisse en bandes étroites de vingt centimètres de largeur, sur un métier en tout semblable à celui que l'on emploie à Dakar.

Quand les lés sont cousus côte à côte, on teint l'étoffe en bleu indigo et en brun. Par quel procédé? C'est le secret des femmes, qui ne le dévoilent pas, car les plus abiles en tirent profit. Tout ce que j'ai pu voir, c'est que les pièces d'étoffe passaient simultanément dans plusieurs jarres énormes, puis étaient séchées pour être replongées de nouveau dans la teinture. En tout cas, le bleu que l'on obtient est très beau et très solide. Les femmes font aussi des dessins sur les étoffes teintes à l'aide de ficelles et de terres qu'elles étendent sur les pièces d'étoffes sortant de la teinture. Probablement cette terre reçoit une préparation qui doit absorber la couleur, car elle laisse sur l'étoffe des dessins en clair

En art, les Peulhs sont moins avancés. Les dessins qui ornent les objets de cuir, les broderies des culottes ou des vêtements, sans être exempts de goût, ne sortent pas de l'art primitif.

Quant à la musique, elle est l'apanage exclusif des griots. Quelques-uns de ces chanteurs, qui rappellent les troubadours du moyen âge, composent d'agréables mélodies qu'ils jouent sur la petite guitare indigène. J'ai noté une partie des airs que j'ai entendus.

D'où viennent ces griots? Ils sont étrangers à la race peulh et ne se marient qu'entre eux. Quelques-uns portent sur le visage le blason de leur race : les six entailles qui labourent la figure des Bambaras. Mais d'autres n'ont aucune marque et la pureté de leurs traits semble les rattacher au type abyssinien En tout cas, ils sont issus d'une race puissante et forte ; on peut même dire qu'ils ont le monopole de l'intelligence et une élévation de sentiments peu commune. Ce sont des réprouvés que poursuit un mépris général ; mais on ne se hasarde guère à les mépriser tout haut; la vengeance du griot est terrible.

— Griot, c'est l'homme de sang impur, disent les Peulhs.

Les griots ne portent pas de fusil à la guerre, ils n'ont qu'un sabre. Rarement on les tue; après avoir été la propriété du vaincu, ils deviennent celle du vainqueur.

Les griots suivent avec ferveur, du moins en apparence, les pratiques de la foi musulmane. Ils ne manquent aucune occasion de faire la prière. Mais, je ne serais pas éloigné de croire que leur dévotion n'est qu'un jeu.

Les griots sont des réprouvés, soit; mais si la religion musulmane a déclassé ces chanteurs, elle n'a pu leur retirer leur esprit pratique; tandis que ses fervents observateurs, toujours absorbés dans leurs prières, restent dans l'ignorance la plus crasse.

Mahomet *excommunia* les poètes et les conteurs arabes, parce que, sceptiques pour la plupart, ils constituaient un obstacle pour le nouveau prophète dont ils battaient en brèche les doctrines. Sur les griots du Soudan rejaillit l'opprobre de leurs ancêtres; mais les hommes en général aiment à être flattés; le nègre, en particulier, est orgueilleux et accueille avec faveur les courtisans. Les griots ont su tirer parti de ses faiblesses; ils accablent de louanges excessives les musulmans puissants. Ils font remonter les grandes familles jusqu'à Abraham, chantent les hauts faits accomplis de père en fils par leurs maîtres et répètent sans cesse que ceux-ci sont illustres et grands parmi les plus grands.

Les griots prennent ainsi un ascendant considérable sur leurs dominateurs et en tirent tout ce qu'ils veulent. Ce qu'un seigneur peulh a de plus beau et de plus précieux, c'est pour son griot, dont il prend l'avis sur toutes choses. Aussi les conseillers les plus intimes sont-ils recrutés parmi les griots.

Le griot est esclave, né d'esclave, et son fils partagera son sort. Appartenant d'ordinaire à une famille depuis quatre ou cinq générations, le griot se considère comme faisant partie de la maison et est très attaché à son maître.

On a pu voir dans le chapitre précédent les griots de l'Almamy se faisant tuer sur le corps de leur seigneur. Il y a peu d'années, un commandant de Boké fit fusiller un prince foulah avec douze hommes de sa suite. Tout le temps que dura la fusillade, le griot du prince chanta sa gloire et celle de ses compagnons et, ne voulant plus avoir à chanter personne, demanda à mourir aussi. Il est facile de comprendre qu'avec un tel ascendant sur son maître, quand un griot en veut à quelqu'un, la vengeance ne se fait pas attendre.

Ce qui concerne les griots peut également s'appliquer aux forgerons et aux cordonniers qui, eux aussi, sont étrangers à la nation. Ils appartiennent à la race des griots, et sont des réprouvés; comme les griots, ces artisans sont fort intelligents.

Griots, forgerons, cordonniers et tisserands ne sont pas des hommes ordinaires, ce sont des parias d'un genre particulier.

Feu l'Almamy Omar avait en grande estime ces hommes déclassés et il en faisait sa société ordinaire.

L'Almamy Ibrahima Sory s'entoure également des hommes de cette caste et son cordonnier entre autres, vieillard d'une grande finesse, fait partie de tous les conseils et assiste à *la correction du Koran*.

Les forgerons, ai-je dit, sont très pauvrement outillés et travaillent assis par terre; leurs pieds leur sont presque aussi utiles que leurs mains. Les cordonniers travaillent de la même façon et leurs principaux outils sont un couteau, un poinçon et une planchette.

L'armement des Foulahs se compose de fusils à pierre et à piston, d'arcs, de flèches et de lances. Il n'y a pas très longtemps que les fusils ont fait leur apparition au Fouta; aussi la possession d'un fusil comble-t-elle tous les rêves d'un Peulh.

Le fusil à pierre, malgré ses imperfections, est bien plus prisé que le fusil à piston, par suite de la difficulté qu'ont les Peulhs de se procurer des capsules. Les fusils, quels qu'ils soient, sont de fabrication commune. D'ordinaire, l'arme est bien plus meurtrière pour le tireur que pour l'ennemi, car elle éclate très souvent, incapable de résister à la charge énorme de poudre qu'on emploie. Le fusil simple à pierre est excessivement long et lourd ; le fusil double a la même dimension que nos fusils de chasse, et le fusil simple à percussion provient généralement d'armes de guerre réformées ; ce sont les meilleurs fusils.

La flèche et la lance, quoique un peu négligées maintenant, sont, entre les mains des Peulhs, des armes bien plus dangereuses que le fusil. J'ai vu des noirs qui, à cinquante pas, plantaient coup sur coup dix flèches dans une orange! L'arc est généralement en bambou et la flèche est une tige de roseau surmontée d'une pointe de fer ébarbée et empoisonnée.

Presque toujours les blessures des flèches sont mortelles. Je n'ai pu avoir aucun renseignement sur le poison employé. Ce seraient, m'a-t-on assuré, les entrailles d'un serpent, préparées d'une certaine façon, qui servent à empoisonner les flèches. Mais ce ne peut être là qu'un conte.

Fusils et poudre sont achetés aux comptoirs européens.

Quand une expédition a été résolue, l'Almamy fait battre le *tabala* dans tout le pays. Ce tambour de guerre, toujours accroché dans la case des chefs, est considéré comme l'insigne de l'autorité.

Immédiatement, tous les hommes en état de porter les armes se rendent au lieu de rendez-vous, suivis de quelques-unes de leurs femmes et de captifs en nombre suffisant pour porter les ustensiles de cuisine. On ne se munit d'aucune provision de bouche ; le pays où l'on opère doit fournir les vivres aux combattants. Mais les parties du territoire que traverse l'armée ne sont pas exemptes de contributions et les habitants voient souvent disparaître les provisions de toute l'année.

Comme dans toute l'Afrique, les expéditions des

Peulhs n'ont souvent pour cause que le désir de faire du butin et de prendre des esclaves. Cependant, quand ils combattent les indigènes, ils prennent pour prétexte la conversion et quand ils bataillent contre d'autres musulmans, ils ne les réduisent pas en esclavage ; ils se contentent de piller et d'enlever les captifs.

L'attaque a généralement lieu le matin et les combattants s'efforcent d'arriver sur un village sans faire aucun bruit. Ils l'entourent et tout à coup poussent de grands cris, déchargent leurs armes, font le plus grand vacarme possible; ils profitent de l'affolement qu'ils produisent pour mettre tout au pillage et enlever les femmes et les enfants.

Quand l'ennemi est sur ses gardes, les deux partis font également le plus de bruit possible; gesticulent, prodiguent les menaces afin de s'effrayer mutuellement, et s'il arrive que l'un des deux, se défiant de ses forces, bat en retraite, c'est l'instant où l'autre s'élance à l'attaque.

Pour leurs expéditions de guerre, les Peulhs portent un petit boubou, teint d'un couleur terreuse, qui ne vient que jusqu'à la ceinture et qui est garni d'amulettes sur toutes les coutures. Ils se font aussi des coiffures en poil de chèvre pour se donner l'air plus terrible. N'est-ce pas là l'ancien bonnet à poil des vieux grenadiers du premier empire ?

A entendre parler les Peulhs, on dirait que ce sont des guerriers invincibles ; mais je ne les crois pas d'une bravoure excessive. Ils sont forts quand ils attaquent par surprise, mais lorsqu'ils combattent face à face, ils prennent aisément la fuite, à en croire les histoires de guerre que m'a racontées Mahamadou Saïdou.

D'après certains Peulhs, ils pourraient lever une armée de trente mille hommes, d'autres disent vingt mille. Mettons douze mille et n'en parlons plus.

Le costume des Peulhs est très simple, mais il suffit

à des gens qui habitent un pays où il ne gèle jamais. Pour les hommes, il se compose d'un *boubou*, sorte de grande chemise bleue sans manches qui descend jusqu'au gras du mollet; d'une petite culotte à mille plis qui s'arrête aux genoux, et d'une calotte en cotonnade blanche, généralement ornée de broderies bleues.

Ces vêtements sont coupés et cousus par les hommes. Comme ils n'ont pas de fil, ils effilochent l'étoffe et, de cette façon, cousent les vêtements avec du fil de même couleur. L'étoffe qu'ils emploient de préférence est une cotonnade fabriquée et teinte dans le pays. Ils se servent aussi de cotonnade blanche et bleue — teinte aux Indes, — et d'indiennes de couleur, — de provenance européenne.

Ils portent des sandales faites par leurs cordonniers, mais ils marchent généralement pieds nus. Ils ont toujours, attachés à des cordons de cuir, des sachets également en cuir, où se trouvent des versets du Koran ; ce sont leurs *grigris* (amulettes).

Le costume des femmes est beaucoup plus simple; il ne se compose que d'un morceau de cotonnade qui entoure la taille et descend jusqu'au genou. Leur coiffure est plus compliquée. Leurs cheveux sont artistement tressés et, quand l'édifice est monté, il ressemble à un casque de pompier. Il ne faut pas moins de deux journées de travail pour coiffer une femme.

Comme les hommes, les femmes portent aussi des amulettes renfermées dans des sachets de cuir. Elles portent, en outre, des pièces d'argent reliées en colliers ; des boules d'ambre, des grains de corail ou de verroteries ornent les nattes de leur chevelure.

Les enfants sont nus jusqu'à l'âge de dix ou douze ans, époque de la circoncision. Alors, les garçons sont vêtus d'un boubou et les fillettes d'un pagne.

Les habitations du Fouta sont vastes, propres et bien construites. De forme circulaire, elles se composent d'un mur en terre battue de 0m50 c. d'épaisseur et de deux à quatre mètres de hauteur. Elles sont percées d'une ou deux ouvertures, dont les plus élevées n'ont guère plus de 1m20, ce qui oblige à se courber pour y passer. Les toits coniques sont faits d'une charpente en bambou ou en bois léger, recouverte de chaume. Les toits débordent les murailles d'un mètre environ et forment vérandah.

A l'intérieur, les cases sont peu meublées : une ou deux banquettes, en terre ou en bois, qui servent de lit ; quelques calebasses et c'est tout. Généralement le foyer se trouve ou au milieu des cases ou devant les lits. Dans certaines demeures, il y a deux foyers.

Chaque propriété se compose de plusieurs cases, de six à dix environ : celle du chef de famille, celles des femmes et des enfants et celles des captifs. Toutes ces habitations sont construites au milieu de jardins fort bien entretenus et sont reliées entre elles par des allées sablées. Presque devant chaque case, un oranger abrite le palier où se réunissent les habitants. Une haie de purguères clôture la propriété.

Le répertoire des noms est peu varié.

Les dames s'appellent Mariama (Marie) — c'est le nom le plus commun, — Ava (Eve), Yaĕ (Jeanne), Aïsata (Anne), Fatimata, Fatou, Kadé, Aéba, Omou, Bilo, Maĕmouna, etc.

Les hommes s'appellent Mahamadou, Amadou, Hamadou, Mamédou, quatre noms qui proviennent de Mohamed (Mahomet), Adama (Adam), Noou (Noé), Moussa (Moïse), Issa (Jésus), D'Gibril (Gabriel), Yaya (Jean), Malic, Omar, Comba, Salifou, Sadou, etc.

Les noms patronymiques n'existent pas ; pour désigner les membres d'une même famille on dit : un tel fils de tel.

Presque tous ces noms, on le voit, ont une origine biblique.

Souvent, pour distinguer les homonymes, on ajoute au nom de chacun le nom du village, de la province où il est né : Mâmadou *Foucomba*, Salifou *Cambata*, Mamadou *Coladé*, etc.

Quelle que soit l'importance du mariage, chez les noirs, cet acte solennel se renouvelle facilement plusieurs fois.

Lorsqu'un Peulh a jeté son dévolu sur une jeune personne, il fait des ouvertures à la famille et appuie sa demande par un présent. Si le jeune homme est agréé, on garde le cadeau ; dans le cas contraire, on le lui rend. Quand le mariage est décidé, les parents de la future traitent avec le prétendant du montant de la dot qu'il devra apporter en mariage, dot qui varie selon la beauté de la fiancée. Néanmoins, avec une valeur en marchandises, on peut prétendre à une beauté de premier choix. Une beauté ordinaire se paye couramment de trois à cinq cents francs.

Ainsi, chez les Peulhs, l'homme apporte la dot. Aussi, quand les interprètes nous traduisent les clauses d'un mariage, ils disent : il a *acheté* cette femme six bœufs, etc. Il ne faudrait pourtant pas croire que les filles sont vendues aux maris qui les demandent. Le noir défend les intérêts de son enfant, voilà tout, et le prétendant apporte une dot, qui devient le douaire de sa femme ; rien de plus logique.

Le futur n'est pas tenu de verser en entier la somme convenue. Il peut donner un acompte et entrer en possession de suite, à charge de s'acquitter plus tard. Mais partout il y a des gens de mauvaise foi et il arrive qu'un homme, après avoir versé un acompte, emmène sa femme et... ne s'acquitte jamais.

Lorsqu'un mari croit avoir à se plaindre de sa femme, il soumet le cas aux juges qui décident si, oui ou non, il y a lieu de sévir. En ce cas, la femme rentre dans sa famille et doit restituer le montant de la dot au mari.

La femme, redevenue libre, peut se marier à un autre. Si c'est le mari qui donne à la femme des sujets de plainte fondés, elle rentre également chez son père; mais, comme dédommagement, elle garde la dot.

Il est rare qu'un homme, même riche, prenne une seconde épouse avant que la première lui ait donné un enfant, et une troisième avant que la seconde ait été mère; et ainsi de suite. D'après la loi musulmane des Peulhs, un homme peut légitimement se marier quatre fois et librement aussi souvent qu'il lui plaît.

Le mari peut demander la séparation pour infidélité constatée, pour fuite du domicile conjugal; cela suffit comme chez la plupart des peuples civilisés. Mais une femme peut demander la séparation pour un motif qui, d'après les dames peulhs, est d'une gravité excessive. Aux termes de la loi, un mari ne peut cohabiter avec une de ses femmes plus de trois jours de suite sans que les autres aient le droit de réclamer en justice. Pour la première infraction, le mari est fortement réprimandé; en cas de récidive, il est condamné à une amende et enfin, si une femme se trouve par trop délaissée, elle peut obtenir la séparation, avec le droit de garder la dot.

Quant à la cérémonie du mariage, elle a lieu devant le marabout qui unit les époux. Aux dépens de ces derniers, les parents et les amis font la noce et, le soir venu, conduisent les nouveaux mariés dans la case nuptiale, au bruit de nombreux coups de feu. On leur laisse plusieurs calebasses de nourriture; on les enferme et les amis continuent à faire la noce jusqu'à une heure avancée.

Il est d'usage, si des étrangers se trouvent de passage dans un village où l'on célèbre un mariage, de leur porter une calebasse de riz ou de maïs assaisonné. Cet usage se pratique aussi en faveur des pauvres.

Un homme peut aussi demander en mariage une demoiselle de l'âge le plus tendre, à condition de donner des arrhes. Dès lors, la fillette est considérée comme la femme du demandeur et doit habiter avec son mari, lorsqu'elle a atteint l'âge de puberté.

Pendant notre séjour à Donhol-Fella, Mahamadou-Saïdou a épousé de cette façon une jolie enfant de huit ans, fille du cordonnier de l'Almamy. Tous les jours la petite femme allait présenter ses respects à son mari, puis rentrait chez son père où elle jouait avec une tête de maïs en guise de poupée. L'Almamy, malgré ses cinquante-sept ans, a également deux jeunes femmes, filles de deux grands chefs, ses amis.

Le père est le chef de famille et a une autorité absolue sur ses femmes et ses enfants ; il y a toujours à sa portée un martinet à lanières de cuir tressées, dont il se sert pour assurer le calme dans son intérieur.

Les épouses ne sont pas exemptes de corrections et cela se comprend : comme le plus souvent un homme possède plusieurs femmes, si elles se chicanent entre elles, ce qui arrive quelquefois, il ne peut se faire entendre au milieu du tapage, et le martinet est un argument sans réplique.

Les femmes sont très respectueuses envers le mari et les enfants très soumis envers les parents.

Les familles peulhs, on le comprend, sont très nombreuses et le père ne peut consacrer que les instants très courts à chacun de ses enfants. Aussi ne trouvent-ils pour lui de la crainte plutôt que de l'affection, tandis que la mère est l'objet de toutes leurs tendresses. Le Peulh ne songe à s'enrichir que pour améliorer le sort de sa mère.

L'amour fraternel, à moins qu'il ne s'agisse d'enfants de la même mère, n'existe pour ainsi dire pas. Souvent, dans les familles nombreuses et surtout chez les riches, il s'élève des querelles fratricides qui dégénèrent en luttes à main armée.

Quand un Peulh a dit : C'est frère de même père et

même mère, expression très courante, il a prononcé l'expression la plus vive de l'amour fraternel. Dans n'importe quel cas, l'aîné a le pas sur ses puînés et cette hiérarchie est encore plus respectée chez les frères consanguins.

Si, comme on l'a vu plus haut, les habitants du Fouta sont peu vêtus, les bonnes mœurs n'en souffrent nullement. Les femmes ne s'inquiètent guère de savoir si on les admire; elles n'en sont pas moins très pudiques et ne manquent pas d'habiller les enfants, dès qu'ils ont atteint l'âge voulu : onze ans pour les garçons et neuf ans pour les filles.

Par exemple, ce qui ne ruine jamais les familles, ce sont les frais de layette, ce luxe réservé aux enfants blancs. Aussitôt que la mère relève de couches, elle campe l'enfant à cheval sur ses reins; pour le maintenir, elle passe sous lui une pièce d'étoffe qu'elle noue au-dessus des seins et voilà tout. Elle vaque aux soins du ménage, travaille aux champs, et la tête de l'enfant suit tous les mouvements du corps de la mère. Quand le bébé a soif, maman desserre un peu le pagne, fait passer sa progéniture sous son bras et livre la bouteille.

Voici, d'après une de mes voisines, comment l'on sèvre les enfants. Je m'étonnais de la voir allaiter sa fillette qui avait déjà trois ans; elle me dit qu'elle ne pouvait sevrer sa fille avant le retour de son mari.

— Quand Modi Salifou reviendra du Djoli-Ba (Niger), ajouta-t-elle, il écrira un bon salam sur un petit *cahit* (papier) et on le fera manger à Aïçata pour que Dieu lui donne bonheur.

— Mais si Modi Salifou ne revient que dans trois ans?

— Aïçata *boira sa maman* encore trois ans!

La façon de porter les enfants dans le Soudan est même la raison qui a fait attribuer par les Européens, à toutes les négresses, une forme qui n'est pas, en réalité, leur forme naturelle ; jusqu'à présent, je crois qu'il y a là une erreur, je n'ai pas vu une femme, n'ayant pas été nourrice, qui se présentât sous cet aspect disgracieux, que l'on sait.

J'ai même vu des femmes qui, après un allaitement prolongé, n'étaient pas déformées ; mais, quand une négresse a eu plusieurs enfants qu'elle a portés attachés comme je viens de l'expliquer, leur poids finit par produire une sensible dépression de la forme du buste.

Les Européennes portent des corsets, les femmes noires, non seulement n'en portent pas, mais elles se compriment la poitrine avec le pagne qui supporte l'enfant.

La cuisine concerne exclusivement les femmes et prend la plus grande partie de leur temps. Elles préparent les mets, du reste fort simples, avec beaucoup de soin et de propreté. Il faut d'abord piler, pour les décortiquer, le riz, le maïs ou le fognié (petite graminée semblable au tapioca), vanner soigneusement les céréales et faire cuire. J'ai remarqué que les ménagères évitaient surtout de laisser le riz tourner en bouillie ; elles le font crever et cuire dans une faible quantité d'eau. Quand il est cuit, il est déposé en forme de cône dans une calebasse et prêt à être servi.

On fait également aussi une sauce verte, appelée *mafé*, composée de piment et d'oseille qu'on écrase sur une pierre plate et qu'on fait cuire avec du beurre ou une huile extraite de l'arachide. On fait encore une sauce composée d'arachides écrasées.

Voilà la cuisine ordinaire.

Pour les grands jours on prépare quelquefois de la viande de bœuf, de mouton ou une poule au piment ! *Nené* Aéba, une des femmes de l'Almamy, prépare ce mets admirablement.

Quand l'on tue un animal quelconque, la tête revient de droit aux griots ; je ne sais pourquoi.

Le chef de famille, ses enfants mâles, s'ils ont plus de douze ans, les hommes de sa suite et quelquefois les captifs de confiance mangent ensemble. Chaque femme, avec sa petite famille, mange dans sa case respective. Il va sans dire que le maître est toujours servi le premier.

On apporte le repas, ordinairement composé de riz, de maïs ou de fogniè ; les sauces de mafé, d'arachides et le lait caillé. Les calebasses sont recouvertes de paillassons en pampas très bien travaillés. La calebasse de riz est déposée au milieu de la case, les sauces sont placées à côté.

Chaque convive s'accroupit autour de la calebasse et un petit captif, portant de l'eau dans un vase, fait le tour de la société et la verse sur les mains des invités. Le maître du logis découvre la calebasse où le riz bouillant laisse échapper une buée qui monte vers le toit. A l'aide du couvercle, il évente la calebasse pour refroidir le riz, puis il prend du sel pilé qui lui est présenté, et avec la main droite rejette le riz sur les parois du vase de manière à y former un creux. Pendant ce temps le voisin, à l'aide d'une baguette de bois, bat le lait caillé afin d'écraser les caillots; puis, il verse lentement le lait sur le riz pendant que le maître fait le mélange.

Enfin, il roule une boulette et très adroitement, sans toucher les lèvres, la lance dans sa bouche.

Tous les invités l'imitent. Il se fait un grand silence, rompu seulement par le bruit des mâchoires. En deux minutes, une quantité de riz qui suffirait à vingt Européens est absorbée par cinq ou six indigènes. Le premier plat mangé, on passe au second ; c'est encore du riz, mais on remplace le lait caillé par le *mafé*.

Le repas terminé, lorsqu'il ne reste plus rien dans la calebasse, que les affamés en grattent encore les parois, comme s'ils voulaient les user, le captif revient avec son vase rempli d'eau et le passe à chaque assistant qui en boit une gorgée, se rince la bouche en se frottant les dents avec l'index droit, et se lave les mains.

Chez les dames on procède de la même façon.

Quand il y a de la viande, les morceaux sont découpés et semés à travers le riz. Chacun en prend un avec ses doigts et le déchire à belles dents.

Chez les personnes à grande fortune, les femmes ne font que surveiller les travaux qui sont exécutés par des captives. A tour de rôle, chaque femme fait la cuisine pour le mari. Chez les pauvres, là où faute de moyens il n'y a qu'une femme, peu d'enfants et un ou deux captifs, tout le monde mange ensemble.

Assurément cette cuisine est bien simple, mais l'Européen le plus délicat peut en manger hardiment; c'est propre, beaucoup plus propre que dans certains de nos restaurants à la mode!

Au Fouta, on n'a pas besoin d'être invité pour manger le bien d'autrui. Quiconque entre aux heures du repas dans une maison, mange à la calebasse commune et n'est même pas tenu de remercier quand il s'en va.

En voyage, le Peulh n'emporte jamais de provisions; à l'heure du repas, il entre dans la première case venue.

Un Peulh de qualité se lève à quatre heures du matin, fait son salam qui dure une heure, puis cause avec ses voisins. A huit heures, nouveau salam, déjeuner et causerie. Nouvelle prière; puis, le Peulh se couche jusqu'à deux heures et se lève pour faire salam. Ensuite, il traite les affaires jusqu'à quatre heures du soir. A cette heure, il fait une prière. Au coucher du soleil, il fait encore une prière. Il soupe à huit heures, fait une nouvelle prière et cause jusqu'à onze heures ou minuit. Les noirs sont généralement noctambules et aiment à causer ou à écouter les griots jusqu'à une heure avancée de la nuit, surtout quand il fait clair de lune. Les hommes, selon leur goût, prient chez eux ou à la mosquée ; mais les femmes ne s'y rendent jamais.

Chez nous, par politesse, quand nous entrons dans une maison, nous retirons notre chapeau ; au Fouta, l'on ôte sa chaussure. Jamais un Peulh, le plus souvent chaussé de sandales, n'entre chez lui ou dans n'importe quel intérieur, ni ne se mêle à un groupe de causeurs, même en plein air, sans retirer sa chaussure.

Tous ces nègres ont les pieds très propres, car chaque fois qu'ils vont prier, ils les lavent ainsi que les mains et la figure. A cet effet, les noirs ont presque toujours avec eux un chaudron à goulot, appelé *marabout*, et qui ne sert qu'à la toilette.

L'almamy a fort bien remarqué que lorsque nous entrions chez lui, nous nous décoiffions. Un jour, il nous a demandé pourquoi et nous lui avons appris que, chez nous, c'était un acte de politesse, ce qui lui a fait dire :

— Chaque pays fait à sa manière, les Peulhs retirent leurs sandales.

Ainsi qu'en Europe, la mort au Fouta est l'objet d'un cérémonial funèbre.

Quand un chef de famille meurt, — son temps est fini ! disent les Peulhs — pour exprimer leur douleur, ses femmes poussent des cris qui font croire qu'on les roue de coups. Elles pleurent à sec, si je puis m'exprimer ainsi, car leurs yeux ne sont nullement mouillés. Si un parent ou un ami entre dans la case du défunt, les cris redoublent et le visiteur tire quelques coups de feu en mémoire du mort.

Le cadavre séjourne très peu de temps sur le lit mortuaire. Avant de l'ensevelir, on le lave soigneusement, puis on le roule dans un pagne et, après les prières de circonstance, on le porte au cimetière.

La fosse, creusée par les soins de la famille du défunt, n'a pas plus d'un mètre de profondeur et le fond st soigneusement recouvert d'un lit de sable ferrugi-eux. On couche le cadavre dans la terre, en lui tour-ant la tête du côté de l'Orient, puis on dit encore quel-ues prières et on dresse des petites traverses de bois, ue l'on recouvre d'une natte, afin que la terre rejetée ur la fosse n'écrase pas le cadavre. La fosse une fois emplie, on a soin de garnir le tumulus de grosses ierres et d'épines, pour que les fauves ne puissent ioler la sépulture.

Quand c'est une femme qui meurt, les choses se pas-ent de la même façon que pour les hommes, moins les ris de douleur.

Je ne crois pas que l'on soit obligé d'enterrer les orts en un lieu commun. Pendant notre séjour à onhol-Fella, Hamadou, le fils aîné de l'Almamy, perdit n bébé de cinq semaines. Pour l'enterrer, on mit le etit cadavre dans une marmite de terre que l'on en-ouit ensuite dans le jardin.

Les Peulhs ont le culte des morts. Profaner une tombe st un sacrilège puni par le dernier supplice et chaque ois que des noirs en voyage passent devant un tumulus solé, tombe d'un voyageur enterré où il est mort, ils ettent dessus des poignées d'herbe ou des feuilles ertes en guise de salut.

A part les inhumations de leurs proches, les Peulhs e visitent jamais les cimetières. C'est assez tôt, disent-s, d'y aller quand on y est forcé.

Lorsque le chef de famille est mort pauvre, les amis t les voisins portent à ses veuves des provisions de ouche, appelées *charités ;* deux ou trois jours après le écès, les veuves et leurs enfants respectifs sont par-gés entre les frères, héritiers du défunt, qui doivent s protéger. Les termes d'oncle et de tante ne sont pas sités au Fouta ; les enfants remplacent ces deux mots ar petit père et petite mère.

Les Peulhs sont-ils susceptibles d'esprit d'à-propos ?

Pour s'en assurer, il faudrait une parfaite connaissance de la langue, mais l'anecdote suivante me fait croire, qu'à l'occasion, ils font de l'esprit comme tout le monde.

Pour remercier un homme du pays qui venait de Boké et nous apportait des lettres de M. Pauliart, Bayol lui donna un mouchoir qui était orné du portrait de M. Grévy : ce Peulh regarda attentivement le portrait du président et dit :

— Pour être chef des blancs, il faut donc avoir un *baowal* sur la tête?

— Pourquoi?

— Parce que tu dis, celui-là c'est le chef des Français, il n'a pas de cheveux, et le commandant de Boké il a aussi gagné *baowal !*

Les Peulhs appellent *baowal* les plaines de pierres qui couronnent le sommet des montagnes.

XIV

LE CONSEIL DES ANCIENS

Depuis le départ de notre dernier courrier, notre existence est bien uniforme. Tout le travail de Bayol consiste à décider l'Almamy de presser notre départ. Mais la route du Niger est fermée, la guerre ravage ces contrées, et l'Almamy ne veut pas nous laisser partir de peur qu'il ne nous arrive malheur.

Nous nous rabattons alors sur Dinguiray. L'Almamy promet d'examiner notre sujet ; quelques jours après, il nous dit que par là encore nous ne pouvons passer, parce que Abibou, le chef de Dinguiray, vient de faire couper le cou au chef de Touba, un vassal D'autre part, les courriers revenus de Timbo ont fait savoir à l'Almamy que le conseil des Anciens désirait nous voir retourner au Sénégal par le Fouta, en suivant une autre route, afin de connaître « tout le monde du pays ».

Nous entrons dans la période des ennuis, des tracasseries. Un courrier venu de Sierra-Leone a fait courir sur nous des bruits malveillants, assurant que les Français ne vont explorer les contrées lointaines que pour les prendre.

Evidemment ce ne sont que des contes faits pour éprouver notre patience. Il n'en est pas moins vrai que, sans cesse énervés, nous finissons par avoir sérieusement la fièvre.

Chez moi elle devient régulière et Bayol tombe gravement malade; malgré tous ses efforts, la fièvre le terrasse et, pendant quatre jours, il est si atrocement secoué que je crois sa dernière heure arrivée. Mes hommes sont tristes et je suis d'autant plus affligé que, malade des plus désagréables, le docteur repousse tous mes soins. En revanche, il est plein de prévenances pour les attentions des noirs.

Notre muletier, Ibrahîma Soumaré, s'est constitué son infirmier. Il ne quitte pas la case, guette les moindres mouvements du malade et, jour et nuit, est sur pied au moindre signal. Je suis heureux de rendre hommage à ce brave serviteur dont le dévouement est au-dessus de tout éloge.

Mahamadou-Saïdou est également plein d'attentions. Sur son conseil, nous faisons du feu dans notre habitation. Nous nous habituons difficilement à supporter la fumée, mais la chaleur nous fait beaucoup de bien et, vingt-quatre heures par jour, nous avons un feu à rôtir un mouton.

Une femme de l'Almamy, *Néné* Aéba, qui, malgré ses quarante-cinq ans, est la plus belle femme que j'aie vue au Fouta et qui, paraît-il, a causé la mort de neuf adorateurs, vient voir Bayol et promet de lui envoyer un remède excellent.

Après quinze jours de souffrances, nous triomphons tous deux de la maladie et nous entrons en convalescence. En sa qualité de médecin, Bayol n'emploie aucun des remèdes du Codex et se rétablit. En ma qualité de malade, je prends beaucoup de quinine et je m'en trouve bien.

Sur le conseil d'Hamadou-Ba, nous nous mettons au régime du lait aigre et nous en sommes très contents. Je recommande cet aliment aux voyageurs africains.

Pendant les moments de répit que me laisse la fièvre, je vais chez l'Almamy. Notre conversation roule souvent sur la religion. Une de ses grandes préoccupations est de savoir quand arrivera la fin du monde ! Un jour il me dit :

— D'après mes calculs, la fin du monde doit arriver dans vingt ans.

Alors un vieux griot, âgé d'au moins soixante-quinze ans, qui massait une jambe de l'Almamy, suspendit sa besogne et me demanda s'il n'y aurait pas moyen, quand on en serait là, de passer par une autre porte. L'Almamy lui mit amicalement la main sur l'épaule et répondit :

— Non ! mon pauvre vieux, il faudra y passer comme les camarades !

— Ah ! *mod'jia* (mauvais) !

L'attitude de ces deux hommes était du plus haut comique.

A peu près rétabli, mais d'une maigreur effrayante, le docteur reprend ses visites quotidiennes à l'Almamy et insiste de nouveau pour presser notre départ. Mais l'Almamy répète qu'il faut patienter : le temps est trop mauvais pour voyager, les pluies continues ont tellement grossi les ruisseaux que nous ne pourrions passer, et mille autres raisons.

De plus, nous sommes en plein Rhamadan, le carême des musulmans, et il n'est pas bon de voyager au lieu de faire pénitence.

Tout le carême se passe sans qu'aucune décision soit

prise. L'Almamy prie beaucoup et, selon la coutume jeûne tout le jour pour ne manger qu'au coucher du soleil. Voyant que le docteur va retomber plus gravement malade, l'Almamy ordonne de dire pour lui, à la mosquée, des prières publiques, qui durent deux nuits.

Jamais je n'oublierai les bontés que le maître et les habitants de Donhol-Fella ont eues pour nous, jamais je n'oublierai madame Mahamadou-Saïdou, cette bonne Méta qui, tous les jours, un éblouissant sourire sur les lèvres, venait s'assurer que nous ne manquions de rien.

— *Salmina, doctor; Salmina, Thierno; Corid'jiamwuli soubaka?* (Bonjour, docteur; bonjour, Thierno (1); comment cela va-t-il ce matin?)

— Merci, Méta, cela va mieux.

— Ah! ce ne sera rien, vous serez bientôt guéris... Je pars, il faut faire le déjeuner.

Charmante et excellente femme!... Son souvenir me sera toujours cher!

Enfin, le dernier jour du carême est arrivé, les Foulahs guettent la nouvelle lune, elle apparaît; *Inch Allah!* Grâce à Dieu! le carême est fini et la mosquée retentit des prières des croyants qui remercient le prophète des noirs.

Le lendemain matin, une grande solennité réunit à Donhol-Fella plus de cinq cents hommes qui viennent assister au grand Salam, chanté par l'Almamy. La mosquée, trop étroite, ne peut contenir tout ce monde et la cérémonie a lieu en plein air. La face tournée vers l'Est, les fidèles exécutent avec un ensemble parfait

(1) *Thierno*, titre religieux, correspondant au titre d'évêque, qui me fut donné par l'Almamy un jour que nous discutions sur le Koran. Par flatterie pour leur souverain, dès lors les Peulhs ne m'appelèrent plus que *Thierno Noir*, puis traduisant mon nom en langue *Poular, Thierno Baleidjio.*

les saluts à la *Caba*, et l'effet est des plus pittoresques quand ces cinq cents hommes, tous vêtus de blanc, se prosternent humblement, la face contre terre.

A peine le dernier *amine* a-t-il clos le Salam que de tous côtés des cris retentissent ; ce sont les enfants mâles qui, se bousculant, partent en troupe et vont devant chaque demeure chanter une prière de circonstance, pour souhaiter la bonne année qui commence et en même temps recevoir un cadeau.

Nos hommes sont de bons musulmans ; ils viennent nous la souhaiter bonne et heureuse : naturellement il faut donner des étrennes !

Les noirs du Sénégal, chrétiens ou musulmans, ont ceci d'avantageux — pour eux bien entendu — c'est qu'ils célèbrent également les fêtes catholiques et les fêtes du Koran. Ils nous souhaitent deux fois la bonne année et comme chaque fois qu'un noir vous fait un souhait, c'est pour en tirer profit, son seul regret est que les occasions ne soient pas plus fréquentes.

Les femmes n'assistent pas aux solennités religieuses ; mais, le jour de la nouvelle année, les mères et les grand'mères quittent momentanément leurs bijoux pour en parer leurs fillettes. Ces demoiselles, vêtues de leurs plus beaux atours, se font admirer, se critiquent entre elles et finissent la journée en improvisant un petit *tamtam* (bal) loin des regards curieux.

Enfin, après bien des tiraillements, bien des remises, notre départ est fixé pour la fin du mois. La route que nous prendrons pour retourner au Sénégal est arrêtée. Nous passerons par Labé et les montagnes du Tamgué pour nous rendre à Médine. Les hommes qui doivent accompagner Mahamadou-Saïdou sont désignés, ce sont : Modi Abdoul-Bagui, courrier secret et porte-étendard de l'Almamy : Modi Mamidou, neveu de l'Almamy de Melacorée, tributaire de l'Almamy Ibrahîma.

Comba le *satigué* nous devancera à Labé, où il préviendra Alfa Aguibou, chef du Labé, pour qu'il se rende à Tounthourounn afin d'avoir une entrevue avec nous ; puis il nous accompagnera jusqu'à notre passage de la Gambie.

Kikala, un captif, nous devancera d'un jour dans chaque village où nous devrons loger et invitera les chefs à bien nous traiter. Samba-lès-Mayo nous guidera jusqu'à Médine.

Toutes ces dispositions sont prises ; mais il faut encore que l'Almamy nous trouve un cheval, car nous n'avons plus qu'un mulet. Nouveaux retards.

Les Peulhs ne sont pas vifs dans leurs décisions et je suis bien convaincu aujourd'hui que ce n'est qu'à grands renforts de palabres que l'on peut obtenir d'eux la moindre des choses.

Nous devions partir un lundi, le seul jour qui soit prospère pour entreprendre un voyage. Cependant, c'est le mardi 30 août que nous quittons Douhol-Fella.

Avec le jour nous sommes sur pied, tous nos préparatifs sont terminés et nous n'attendons plus que les ordres de l'Almamy. A huit heures, deux grands marabouts, accompagnés de Mahamadou-Saïdou et de quelques notables, viennent nous faire *commission de la part de l'Almamy* et, après un discours de circonstance, nous remettent trois lettres écrites en arabe : l'une pour le chef des Français, l'autre pour le gouverneur du Sénégal et le troisième pour le Tamsir. Au nom de l'Almamy, Thierno Yaïa remet au docteur une paire de boucles d'oreilles en or, humble cadeau du souverain du Fouta pour le président de la République.

— Vous n'avez voulu, dit-il, ni des captifs, ni des bœufs, ni des moutons que vous offrait l'Almamy ; c'est tout ce qu'il peut donner au grand chef des Français ; c'est peu, mais c'est de bon cœur.

Le cheval nous est amené ; il est de toute petite taille, mais, en revanche, il est bien reposé et rue quand on l'approche. Bayol, qui n'a que du mépris pour les petits chevaux, me laisse celui-là.

L'Almamy nous fait prévenir qu'il peut nous recevoir; l'instant des adieux est venu. Entouré de ses fidèles, ce brave homme, qui selon toutes probabilités ne nous reverra jamais, fait ses dernières recommandations à ses envoyés ; puis, se tournant vers nous, dit d'une voix émue :

— La vie est ainsi ; on connaît les hommes, on les aime... Un jour, ils partent et on ne les revoit plus. *Inch Allah!* (A la volonté de Dieu !)

Bayol lui promet que je reviendrai au Fouta, à moins que je ne sois mort.

— Tu dis cela, docteur ; Hecquart, Lambert ont dit aussi qu'ils reviendraient ; on ne les a jamais revus. Vous allez retourner dans votre pays ; mais dites bien aux *bons hommes* de France que les Peulhs les aiment et que, grâce à toi, docteur, Poulars et Français, c'est fils de même père et de même mère.

L'Almamy demande sa grande canne garnie d'argent et vient nous reconduire jusqu'à l'endroit où nous l'avons rencontré pour la première fois. Il nous serre la main en nous souhaitant *béléké* (bon voyage) ; deux larmes perlent au coin de ses yeux ; aussi, pour échapper à l'émotion qui l'envahit, il reprend vivement le chemin de sa demeure, mais non sans se retourner plusieurs fois.

Nous montons à cheval et quittons définitivement Donhol-Fella ; les habitants et nos voisines nous font la conduite jusqu'au prochain marigot.

Béléké, Doctor, béléké Thierno !

Et nous serrons une dernière fois la main à tout le monde.

Partis à midi, nous n'arrivons qu'à cinq heures du soir à Sokotoro, où nous logeons dans notre ancienne case.

Le lendemain, pendant que Bayol va saluer Modi Boubakar-Biro qui est à son domaine de Bilalya, voisin de Sokotoro, je procède au passage du Bafing. Le dernier groupe allait passer, quand on me prévient, de la part du docteur, d'aller le rejoindre. Je fais retourner la caravane et me rends à Bilalya, qui n'est qu'à vingt minutes de marche.

Bayol est déjà installé dans une case magnifique, la plus belle et la plus spacieuse que j'aie vue au Fouta. Pour la première fois, je trouve une habitation pourvue d'un coin solitaire.

Immédiatement je vais présenter mes hommages à Boubakar-Biro, qui me reçoit avec affabilité.

Modi Boubakar-Biro, fils de l'Almamy Omar, est général en chef de l'armée peulh pour le parti Sorya. C'est un homme de trente-huit ans, bien bâti et d'allures distinguées; son visage gravé de la petite vérole est régulier; mais l'œil vif et noir décèle une ardente ambition. Boubakar-Biro est atteint d'une gale maligne qui l'oblige à se gratter jusqu'au sang.

L'après-midi, accompagné d'une suite nombreuse, Boubakar-Biro nous rend visite. Il sait que nous avons été très bien reçus par son frère, Mahamadou-Paté, et il ne veut pas être moins aimable; il affecte avec nous beaucoup de familiarité, comme pour convaincre son entourage qu'il est, lui aussi, tout à fait camarade avec les Français. Au grand chagrin de Bayol, il se vautre sur le lit du docteur et lui passe les bras autour du cou. Etendu sur ma couverture, je m'amuse beaucoup des répugnances de mon compagnon, qui est forcé de subir avec une joie apparente ces familiarités d'un prince galeux.

Boubakar-Biro et Mahamadou-Paté se détestent; aussi est-il très intéressant d'observer les allures de Boubakar-Biro qui est plein de jalousie envers son frère.

Au demeurant, le général en chef de l'armée sorya est un homme charmant, très intelligent, qui nous reçoit fort bien, nous traite royalement et comprend à merveille l'importance des avantages que les Foulahs retireront de leur traité d'alliance avec les Français.

Le 2 septembre, nous quittons Bilalya. Le passage du Bafing, dont les eaux, en quarante-huit heures, ont baissé de trente centimètres, nous prend une heure.

Nous passons devant l'habitation de *Néné* Omou, à qui nous faisons nos adieux, et, à trois heures du soir, par une pluie battante, nous entrons à Timbo, où la mauvaise case que nous avions habitée nous est de nouveau réservée.

Si le logis n'est pas bon, en revanche, Modi Diogo, qui est à sa maison de ville, nous soigne de son mieux et ne nous laisse manquer de rien. Nous lui faisons une visite et nous lui offrons un modeste cadeau ; il réplique par un autre cadeau à Bayol ; il nous annonce que nous resterons quatre jours à la capitale et que nous serons reçus solennellement par le conseil des Anciens.

Moins défiant que lors de notre premier voyage, l'Almamy Hamadou désigne deux hommes pour nous accompagner en France ; mais ceux-ci ne se soucient pas de faire un aussi long voyage et l'Almamy se résigne à charger Mahamadou-Saïdou de le représenter auprès du chef des Français.

Le 4 septembre, nous sommes reçus en audience solennelle par le Conseil des Anciens (le Sénat), qui se tient chez l'Almamy Hamadou. La case royale est pleine de monde ; il y a au moins deux cents hommes assis par terre. L'Almamy Hamadou est assis au pied de son lit, et auprès de lui Modi Diogo (le président). Des petits sièges nous sont réservés en face de l'Almamy et nos hommes se placent derrière nous.

Par quelques mots brefs, Modi Ibrahîma Diogo ouvre

la séance et donne la parole à Mahamadou-Saïdou. Celui-ci, dans un discours assez long, prononcé avec volubilité, où le mot Almamy revient sans cesse, expose le but de notre voyage. Il insiste sur la valeur de notre parole, qui ne s'est jamais démentie pendant notre séjour au Fouta et sur le bien-être que gagneront les Peulhs avec le concours des *Français, qui sont même père et même mère, car Fouta et France c'est même chose.*

Quelques autres orateurs prennent la parole sur le même sujet et le docteur prononce une allocution de circonstance, par laquelle il remercie les Almamys, les princes, Modi Diogo et les Foulahs qui nous ont si bien traités pendant notre séjour parmi eux. Il conclut en assurant les Peulhs que les Français seront heureux de savoir que nous avons été si bien reçus au Fouta et il leur donne l'assurance que jamais la guerre n'aura lieu entre les Foulahs et les Français, enfants de la même famille !

Les discours terminés, Modi Diogo s'adresse à l'Almamy et lui dit :

— Almamy Hamadou, *aguélikė* (as-tu compris) ?

L'Almamy répond : *Guélam* (j'ai compris) !

Puis, l'Almamy s'adresse à Modi Maka, lui fait la même demande, obtient la même réponse et ainsi de suite. L'approbateur s'adresse toujours à un autre membre du conseil en procédant par ancienneté jusqu'au plus jeune. Pendant cinq minutes, on n'entend plus que : *Aguélikė ? Guélam !*

Quand chacun a donné son avis et a approuvé, l'Almamy entonne une prière, que reprend en chœur toute l'assistance. Le spectacle ne manque pas d'une certaine grandeur et, malgré mon indifférence religieuse, je suis ému en entendant ces deux cent cinquante voix prier Dieu et leur Prophète de nous accorder un bon voyage, de nous conduire sains et saufs dans notre patrie.

Le mardi 6 septembre, escortés de la plupart des noables, Modi Diogo en tête, nous quittons la capitale u Fouta-Diallon. Nous nous dirigeons vers le Nord et ous terminons notre étape au village de Doubell, où ous passons la nuit. Le lendemain, après une journée ue la fièvre rend très fatigante, nous atteignons Bou-ia, ville en tout semblable à Timbo, mais d'une éten-ue double, qui a l'honneur de posséder le premier ranger planté au Fouta.

Cet arbre magnifique, dont le tronc a plus d'un ètre de diamètre et dont les rameaux peuvent abriter eux cents personnes, est planté devant la mosquée. e pied de cet oranger sert de sépulture à un grand narabout, Thierno Yssa (Jésus), qui fut un savant vé-éré auquel on venait demander des prières. En mé-noire de ce saint homme, personne, pas même le sou-erain, n'entre à cheval dans la ville. Nous nous onformons à l'usage.

De Bouria, nous nous rendons à Porédaka (camp du aoutchouc), ville populeuse et très étendue, où la èvre nous oblige à séjourner.

Enfin, le 10 septembre, après avoir subi une violente ornade qui pendant trois heures nous trempe jusqu'aux s, nous revoyons Foucoumba, où nous retrouvons otre ancienne demeure.

En entrant dans la case, nous nous heurtons la tête ans une liasse de papiers, formée par des fragments de ournaux, dont nous nous étions servis lors de notre remier passage. Accrochée sous la vérandah, cette asse de papiers sert de fétiche. Comme ailleurs, au outa, cela porte bonheur.

Alfa Mamadou Foucoumba ne nous reçoit plus avec a même réserve et fait tuer un bœuf pour nous offrir. Après deux jours de repos, nous partons pour Kébaly, village bâti dans la vallée du Thénée, à peu de istance de cette rivière. Nous entrons dans le village n même temps que Alfa Gassimou, chef du Labé pour le parti Alfaya, qui, escorté d'une suite nombreuse, se rend à Timbo.

Alfa-Gassimou est l'homme le plus grand et le plus gros que j'aie jamais vu. Ce superbe chef noir a plus de deux mètres de hauteur et, de peur d'écraser sa monture, sans doute, marche toujours à pied. On est surpris, en entendant parler ce colosse, de la douceur de son organe. Nous lui offrons un cadeau, qu'il reconnaît en nous donnant un mouton.

Après avoir traversé presque entièrement la vallée du Thénée, nous gravissons le fello Dioufouna, nous atteignons le plateau de Labé, nous couchons successivement à Kael et à Bintégniel-Mahoudou (le grand).

Nous traversons Bintégniel-Tocossel (le petit), sans nous y arrêter, et nous couchons à Dara-Labé. Enfin, après une longue étape, nous arrivons le 16 septembre à Tounthourounn, où une députation de notables vient nous recevoir à l'entrée de la ville.

Nous sommes déjà à 175 kilomètres de Timbo.

XV

LES SOURCES DE LA GAMBIE ET DU RIO-GRANDE

Tounthourounn est une ville très étendue et entourée immenses pâturages. Comme le plateau de Timbi, le ateau de Labé, qui n'en est que la continuité, est bien ltivé. Sur tout notre parcours, nous admirons de lles plantations de riz et de maïs.

Dès le lendemain de notre arrivée, nous dépêchons courrier à Alfa Aguibou, chef du Labé, qui, ainsi e son souverain l'Almamy Ibrahîma, se repose des ucis du pouvoir dans ses propriétés situées à trois ırs de marche dans l'Est.

En attendant son arrivée, nous sommes installés ıssi bien que possible dans une case que nous habius en commun avec une poule qui, tous les matins, 'amabilité de nous pondre un œuf frais. Nous profitons nos loisirs pour prendre des renseignements de ute nature sur le pays.

C'est ainsi que nous apprenons que Tounthourounn est une des anciennes *missida* du Labé; que les Peulhs du Labé ont souvent fait la guerre aux Portugais du Rio-Grande, qu'ils ne tiennent pas en grande amitié du reste.

Malic, le courrier que le docteur a envoyé de Boké à Alfa Aguibou, chef du Labé, vient nous voir. Il a passé l'hivernage chez son père, le chef de Oré-Dimmah, village situé à peu de distance, aux sources de la Gambie et du Rio-Grande.

Le 18 septembre, à midi, nous sommes agréablement surpris par l'arrivée d'un homme, Mamadou-Boye, qui venait de Boké, chargé de nous remettre un courrier de France et de diriger quatre hommes portant des provisions, laissées par nous dans ce poste.

Il va sans dire que nous accueillons avec joie ce bienheureux courrier : il apporte des lettres et des journaux qui, quoique partis de France le 20 mai, ne contiennent pas moins des nouvelles fraîches... pour nous.

Mamadou-Boye nous remet un thermomètre qui lui a été recommandé tout particulièrement. Je pourrai donc reprendre mes observations météorologiques. Et, pour commencer, à cette date? 18 septembre, 3 heures du soir, forte brise de l'Ouest. Etat du ciel : nimbus général. Forte pluie. Température : 21° centigrades.

Beaucoup de nos provisions sont perdues. La farine, la moutarde ne sont plus qu'une pâte moisie. Mais, c'est égal, il y a encore de bonnes choses, et immédiatement je compose un menu pour le déjeuner, dont mon compagnon, aussi gourmand que moi, me dira des nouvelles.

Nous invitons Hamadou-Ba à ce petit festin. Que c'est bon des œufs au macaroni! Quel repas délicieux! et ce gras-double! et ces confitures! Ah! les confitures avec des petits croquets, exquis! Malheureusement, privé de vin depuis trop longtemps, il m'est impossible de le boire pur sans une irritation désagréable.

Nous sablons le champagne au succès de notre voyage, à la Patrie, aux Peulhs, à nos familles, à nos amis, et à la santé de MM. Polliart et Moustier qui nous procurent ce plaisir charmant.

Le dimanche 25 septembre, à huit heures du matin, par un beau soleil, je pars pour Oré-Dimmah, accompagné de Malic et de trois de nos hommes. Nous suivons une direction N.-N.-O., nous franchissons le *fello* Sambari, qui domine de cent mètres la plaine de Tounjhourounn, puis la Dimmah sur un arbre équarri, sans doute le premier pont de ce grand fleuve ; nous traversons quatre ruisseaux que l'on franchit d'un saut et enfin nous entrons à Oré-Dimmah.

Le père de Malic, chef de ce petit village, nous reçoit de son mieux.

Après une heure de repos, nous nous rendons d'abord au *boundou* Comba (source du Rio-Grande). En quittant la maison, nous prenons la direction du N.-N.-E. et, après avoir traversé un *baowal* en forme de croupe arrondie, Malic m'indique un bosquet isolé au milieu de cette plaine de pierres, en s'écriant :

— Voilà *boundou* Comba.

Nous sommes à un kilomètre du village. Je vois sous les branches, à mes pieds, une petite mare d'eau limpide, de deux mètres de large sur quatre de longueur, qui baigne le pied d'arbres vigoureux... C'est la Comba à sa naissance.

Un petit ruisseau de cinquante centimètres de large s'amorce à cette mare et coule d'abord vers le Nord, puis, à cinquante ou soixante mètres de la source, fait un coude dans la direction du N.-N.-E. et je le perds de vue. C'est le Rio-Grande des Portugais, la Comba des Peulhs, ce grand fleuve qui va porter ses eaux à l'Océan.

Après avoir examiné cette source, en avoir fait un croquis aussi exact que possible, nous revenons sur nos pas jusqu'aux portes du village, nous traversons la Dimmah sur une planche jetée en travers d'un trou d'eau limpide qui sert de fontaine aux habitants, nous parcourons environ cinq cents mètres dans la direction O.-N.-O., et nous arrivons devant un bosquet d'arbres planté au bas d'un *baowal ;* nous entrons dans le taillis et Malic, m'indiquant un amas de roches ferrugineuses, s'écrie encore :

— Voilà *boundou* Dimmah.

Au centre de cet amas de grosses pierres brunes, suinte un mince filet d'eau qui remplit successivement deux petites cuvettes de pierre, d'où il déborde pour former une petite cascade de trois mètres de hauteur. Du pied de la cascade, le Dimmah coule entre deux berges élevées, se dirige vers le Nord pendant deux cents mètres, puis, suivant la déclivité du terrain, coule au N.-E.

D'après les renseignements de Malic, pendant les grandes eaux, au mois d'août, le Dimmah jaillit du sommet de l'amas de pierres, au pied du *baowal.* Mais, à l'endroit où l'eau sort actuellement, la source ne tarit jamais.

Comme la Comba, la Dimmah est ombragée d'arbres vigoureux, dont les branches entrelacées livrent difficilement passage à la lumière. Je fais un croquis du *boundou* Dimmah et nous rentrons au village.

Je demande à Malic pourquoi quelques petits ruisseaux qui se jettent dans la Dimmah au village même ne sont pas la source de cette rivière aussi bien que l'endroit qu'il vient de m'indiquer : il répond que ces ruisseaux ne coulent pas pendant la saison sèche.

Si mes instruments sont exacts, les sources de la Gambie et du Rio-Grande, qui sont à mille cinq cents mètres de distance l'une de l'autre, sont à environ mille mètres d'altitude et dix kilomètres N.-N.-O. de Tounthourounn.

Il me semble que la Gambie, qui, pour se jeter à la mer, fait deux fois plus de chemin que le Rio-Grande, emprunte une partie de ses eaux au réservoir de la source Comba. Alimentée par un réservoir propre, la Gambie reçoit six ruisseaux qui prennent naissance sur le *baowal* Comba. On peut donc, sans crainte de se tromper, dire que la Dimmah (Gambie) et la Comba (Rio-Grande) ont la même origine.

Le petit village qui avoisine ces deux sources ne s'appelle Oré-Dimmah que parce qu'il est plus près de la Dimmah. *Oré* signifie *tête*.

En entrant chez mon amphitryon, je trouve le déjeuner prêt. Une calebasse de *couscous* de maïs, du lait aigre et du lait doux en font tous les frais. C'est simple, frugal, mais appétissant et offert de bon cœur.

Mais l'heure s'avance, le ciel se couvre de gros nuages, il est temps de songer au retour. La plupart des habitants me font la conduite jusqu'au pont que j'ai traversé en venant.

Le ciel s'obscurcit de plus en plus et je désespère d'arriver à Tounthourounn avant l'orage. En effet, à peine sommes-nous dans la broussaille qu'un vent d'Est violent fait gémir les arbres et les tord comme des brins d'herbe. Un arbre gros comme un homme est même abattu. La pluie tombe avec violence.

Mes noirs, y compris la femme de l'un d'eux, quittent leurs effets, en font un paquet sur lequel ils s'asseyent et reçoivent ainsi la pluie. Je continue à marcher quand même; un éclair, suivi d'une détonation formidable, abat une énorme branche d'un fromager planté à quarante mètres devant moi; mon cheval prend peur et s'arrête brusquement, tête basse, en tremblant comme une feuille.

Nous restons ainsi vingt-cinq minutes à recevoir un

déluge d'eau qui, malgré mon imperméable, me mouille jusqu'aux os. Puis, la pluie et le vent s'arrêtent, le soleil reparaît et accroche un diamant à chaque brin d'herbe.

Nous continuons notre route et, avant de descendre dans la plaine de Tounthourounn, je puis admirer cet immense plateau du Labé, parsemé de petites montagnes que les feux du soleil couchant colorent des tons les plus variés.

Le 26 septembre, dans l'après-midi, le bruit de coups de feu tirés dans le village nous fit croire à l'arrivée du chef du Labé.

C'était une fausse alerte et il s'agissait simplement d'un mariage.

Dans la plaine qui entoure la ville, une grande affluence d'hommes et de femmes, parés de leurs plus beaux atours, se trouvait réunie en deux camps; à droite les femmes et à gauche les hommes. Les jeunes gens tiraient des coups de fusil en l'honneur des nouveaux époux.

Ceux-ci sont cachés dans les environs, chacun de son côté. Les jeunes hommes vont chercher le marié qui tout d'abord fait de la résistance, puis consent à suivre le cortège. Les jeunes filles en font autant pour la mariée. Séparément, les deux cortèges se rendent près du marabout, chargé des mariages, qui bénit l'union des époux ; puis, les deux cortèges se réunissent et se rendent à l'habitation de l'époux où on laisse le mari et la femme avec une ample provision de victuailles. Pour terminer la cérémonie, l'assistance va chez les parents des jeunes mariés et continue la noce à leurs dépens.

Dans l'après-midi du 27, Alfa Aguibou fait son entrée dans sa bonne ville de Tounthourounn. Il est escorté d'une suite nombreuse, de cinq épouses, de quatre griots dont deux femmes, et de Comba le *satigué* de l'Almamy. Comme son cheval est malade et qu'il n'a pu s'en procurer un autre, il est monté sur un âne. Du reste, l'arrivée de ce chef redouté ne fait pas grand bruit; il s'installe chez le chef de la ville, qui met ses meilleurs appartements à sa disposition.

Alfa Aguibou est un homme de taille moyenne, un peu ventru, à l'*air bon garçon;* sa large face complètement rasée rappelle les moines de Frappa.

Nous lui faisons une visite qu'il nous rend presque immédiatement et, la nuit venue, nous lui offrons un cadeau assez important.

Ce chef puissant est en relations constantes avec notre comptoir de Boké. Il y a donc tout intérêt à le bien traiter, car, s'il le voulait, en dépit de son souverain, l'Almamy Ibrahīma, il pourrait fermer aux blancs les routes qui conduisent de Boké à Timbo.

Le docteur débute par l'allocution d'usage. Mais, Aguibou, estimant que les beaux discours sont les plus courts, répond qu'il est parfaitement au courant de la question. Nous présentons alors nos présents. Les étoffes, les perles d'ambre de gros calibre le laissent froid. Il est habitué à recevoir de beaux cadeaux lorsqu'il va à Boulam. Mais la vue d'une superbe filière de corail, qui nous coûtait bien douze cents francs, lui éclaire la physionomie et il ne peut s'empêcher de dire qu'il n'a jamais rien vu d'aussi beau.

Mahamadou-Saïdou, qui assiste à la petite fête, ouvre des yeux énormes et semble se dire : Eh quoi! ces blancs qui n'ont cessé de crier misère, après avoir tant donné, ont encore de si belles choses? C'est trop beau pour un chef subalterne; c'est bon pour l'Almamy!

C'est heureusement le dernier cadeau important que nous ayons à faire. Mais il faut nous rendre nous-mêmes cette justice, nous avons administré nos ressources avec beaucoup d'économie. Depuis notre entrée dans le Fouta, nous avons donné chaque jour, nous avons fait d'importants cadeaux, et il nous reste en caisse de quoi nourrir notre suite, faire quelques présents aux chefs du Bambouc et arriver au terme du voyage.

Un voyageur, en Afrique, doit savoir dissimuler ses richesses pour ne pas tenter la cupidité des nègres, diviser ses présents afin de faire beaucoup d'heureux, et faire valoir ses marchandises.

Après quelques arrangements d'ordre purement politique, il est décidé que nous passerons par le Bambouc pour nous rendre à Médine, et que Aguibou enverra deux hommes, dont l'un viendra en France, tandis que l'autre s'arrêtera au Sénégal.

Notre départ est fixé au 1er octobre; nous employons le temps qui nous reste à écrire un long courrier que Malic portera à Boké.

C'est égal, je crois que, si j'avais vécu seulement quinze jours avec Alfa Aguibou, nous serions devenus une paire d'amis.

Avant de quitter Tounthourounn, je ne crois pas inutile de parler de mes *cures*. Pour les noirs, tous les blancs doivent être médecins. Aussi quand un blanc est parmi eux, ont-ils toute sorte de maux. Pour un rien, ils consultent le médecin et, quelle que soit la maladie, il faut donner un médicament.

Le médicament, tout est là ! Sans lui, pas de médecin !

On comprendra aisément que Bayol, en sa qualité de docteur, ait été souvent agacé par des gens qui venaient exposer des cas impossibles. C'est alors qu'il me dit : Débrouillez-vous avec eux et donnez-leur ce qu'ils voudront. Je me débrouillais et j'y prenais même plaisir.

Dans notre pharmacie, nous avions en assez grande quantité du bicarbonate de soude. Afin d'alléger la caisse, j'ordonnais ce médicament pour tous les cas possibles.

Un vieillard avait des rhumatismes et voulait absolument un remède. Je le palpe, l'ausculte et lui fais la prescription suivante :

Frictions et massage, matin et soir; se tenir chaudement; coucher près du feu; une pincée de bicarbonate dans un litre d'eau et en boire un verre tous les matins, à jeun, jusqu'à extinction du flacon...

J'ai guéri cet homme! Du moins, il l'a cru, car il m'a remercié chaudement, a déclaré que mon remède était excellent et m'a prié de lui en laisser une petite provision.

Je cite ce cas pour mémoire, mais j'en ai bien d'autres, et combien de succès !

Le bicarbonate de soude est un remède précieux, que l'on ne saurait trop employer.

Pendant notre séjour à Tounthourounn, la température n'a pas dépassé 25° et encore elle n'a atteint ce chiffre qu'un seul jour; le plus souvent elle s'est maintenue de 22° à 23°.

Tous les jours, nous avons eu au moins une tornade et quelquefois deux, accompagnées de vents violents.

Ces tornades fréquentes indiquent la fin de la saison des pluies, et nous n'en sommes pas fâchés.

XVI

LE TAMGUÉ ET LE NIOCOLO

Le samedi 1er octobre, à neuf heures du matin, nous quittons Tounthouroun. Notre caravane est augmentée de dix personnes, dix bouches inutiles. Comba le *saligué* (chef des captifs) a besoin de sept captifs pour porter son bagage et celui de sa femme jusqu'à la Gambie, où il doit nous quitter.

A deux kilomètres de Tounthourounn, nous traversons la Dimmah qui a déjà six mètres de largeur, et après une courte étape nous couchons à Tollou.

Nous allons par monts et par vaux, et nous arrivons au *foulasso* Béli, puis à Bandeya. A mi-chemin de ces deux localités, nous passons devant le tombeau de Alfa Omar Laguité, érigé au pied du *foulasso* Laguité. Un cercle de quatre mètres de diamètre, formé par des pieux d'un mètre de hauteur, sous un gros arbre touffu, tel est le monument consacré à ce marabout vénéré.

En arrivant à Bandeya, ville habitée en majorité par

des Alfaya, nous restons près de deux heures dans la cour de la mosquée, où nous attendons qu'on nous ait trouvé un logement. La présence des envoyés de l'Almamy Sorya nous vaut cette tracasserie. Enfin, grâce au talent oratoire de Mahamadou-Saïdou, nous obtenons une case à peu près convenable.

A peu de distance de Bandeya, nous atteignons le *baowal* du même nom, qui sert de limite à l'Irlabé, subdivision de la province de Labé. Au sortir d'un bouquet de bois, nous n'avons plus devant nous qu'un immense plateau couvert d'herbes jaunies d'un mètre de hauteur. Ces herbes aux tons chauds et variés, qui ondulent sous la brise, nous donnent l'impression de l'Océan. Nos hommes marchant en file indienne sont cachés jusqu'à la ceinture et se détachent en vigueur sur le ciel chargé de gros nuages blancs. Effet bizarre, sensation étrange! Pendant les deux heures que nous mettons à traverser cette vaste plaine, nous éprouvons la même impression. Ensuite apparaît le sommet d'une montagne, qui semble un îlot perdu dans une mer jaune aux reflets dorés, puis deux, puis trois sommets, enfin une chaîne entière : la chaîne du Tamgué.

A l'extrémité du *baowal*, nous admirons la magnifique vallée de Orélity, vaste tapis vert coupé de nombreux cours d'eau, où sont disséminés les villages de Orélity, Sarafina, Boumi, Donhiel, etc. Le fond de ce tableau grandiose est formé par la chaîne des monts qui entourent le Soudou-Mali, le pic le plus élevé du Fouta.

Pendant notre marche à travers la vallée nous sommes suivis par une foule qui grossit à mesure que nous avançons, et, lorsque nous arrivons au terme de l'étape, à Donhiel, nous avons une escorte d'au moins cinq cents naturels, dont deux cents gamins.

En quittant Donhiel, nous escaladons les premiers contreforts du Tamgué, où nous franchissons onze torrents qui se précipitent à travers d'énormes roches pour gagner les ombrages d'une épaisse forêt, composée en partie d'énormes baobabs et de karités (arbres à beurre). Après une marche de trente-huit kilomètres, mouillés jusqu'aux os par une forte tornade que nous recevons au moment d'atteindre le but, nous arrivons à Kounda, petit village perché comme un nid d'aigle au sommet d'un pic qui domine les vallées secondaires de la Gambie.

A neuf heures du soir, nous prenons le premier repas de la journée, et quel repas! Du riz et de l'eau! La moitié de notre escorte n'est pas arrivée. Surpris par la nuit, les retardataires ont couché au milieu de la brousse, n'osant pas se risquer, dans l'obscurité, à travers des torrents rapides qui bondissent du haut des rochers, d'une hauteur de plus de cinquante mètres.

Au delà de Kounda, nous suivons la ligne de faîte du bassin de la Gambie et, après une étape de vingt kilomètres, nous arrivons à Dara-Tamgué, village bâti dans un site délicieux.

Après Dara, nous cheminons pendant plus de deux heures entre deux murailles de roches, où nous avons pour toute distraction les aboiements des singes cynocéphales qui abondent dans ces montagnes.

Au col de Ouarnani, notre vue embrasse de nouveau un grand espace. Au-dessous de nous se trouve le petit village de Ouarnani, qu'un brouillard intense couvre en ce moment, et le guide nous indique au delà de la vallée étroite et boisée un village bâti sur un sommet élevé, où nous terminerons notre marche.

Nous descendons au fond de cette vallée, où nous traversons trois torrents rapides dont les eaux sont *très froides;* nous escaladons ensuite une pente raide et boisée et à midi nous atteignons Bogoma, petit village bâti sur une étroite plate-forme, à 1,400 mètres d'altitude, au pied du pic Bogoma.

De Bogoma, point culminant de notre route de retour, le panorama est vraiment grandiose. J'ai vu les Vosges et le Jura, j'ai admiré les montagnes d'Auvergne et les glaciers des Alpes.

Mais la vue de ces montagnes aux formes bizarres, et de ces villages qui, bâtis sur les mamelons les moins élevés, chauffent leurs toits de paille au soleil tropical, me fait éprouver un sentiment que je n'ai pas ressenti ailleurs et que je renonce à décrire... Véritablement, je ne m'en sens pas capable!

En sortant de Bogoma, nous descendons le versant du Tamgué. Quelle route, bon Dieu! Nos pauvres montures sont soumises à de rudes épreuves. Et c'est, nous dit-on, la meilleure route pour gagner la Gambie; l'autre est impraticable pour les animaux, attendu qu'à un endroit du chemin on est obligé de descendre par une longue échelle.

Nous arrivons à Paré, village où fleurissent les derniers orangers du Fouta. Comba le *satigué* nous déclare qu'il n'ira pas plus loin et qu'il retourne à Timbo. Il n'explique pas la cause de cette détermination; mais je suppose qu'il s'agit d'une rivalité entre ce chef de captifs et Mahamadou-Saïdou, car tous deux veulent *commander la route!* Madame Comba pleure à chaudes larmes : elle perd une filière d'ambre que le docteur devait lui donner dès que nous serions à la Gambie.

Nous descendons toujours. Ce n'est plus un sentier que nous suivons, mais un escalier. Nous dessellons nos deux animaux, qui ont bien de la peine à franchir ce mauvais pas. Au pied de ce passage, la chaleur est suffocante. A deux heures, le thermomètre marque 38°. Enfin, après une fatigante étape qui n'a pas duré moins de dix heures, nous arrivons à Médina-Kanta.

Cette ville qui n'appartient plus au Fouta proprement dit, mais au Niocolo, province asservie par les Peulhs, a un tout autre aspect que celles que nous avons visitées jusqu'ici. Les rues sont larges et bordées par des clôtures en treillage. Les maisons, quoique circulaires, ne sont plus les mêmes que dans le haut pays; les intérieurs sont moins confortables et le sommet des toits porte quatre bâtons servant de perchoir aux hirondelles, qui doivent porter bonheur au foyer.

Les habitants ne ressemblent pas aux naturels du Fouta, ni aux montagnards du Tamgué; leur peau est plus noire et leur type rappelle celui des Ouolofs du Sénégal. C'est l'opinion du docteur qui, dans son premier voyage, a visité les populations Malin'kè.

Nous recevons la visite d'un personnage étrange, se disant shérif, natif de Bagdad! Cet homme, qui me fait l'effet d'un farceur, est coiffé d'une haute calotte rouge, dite schéchia, entourée d'un turban blanc qui passe sous le menton. Ce saint homme, établi dans la ville depuis quelque temps, prêche le Koran et tient école. Il paraît que les gris-gris qu'il confectionne sont payés très cher et lui rapportent beaucoup.

J'ai été grandement surpris, en arrivant sur la rivière Kanta, qui coule à cinq minutes de la ville, d'y voir un pont suspendu où l'on arrive par deux plans inclinés. Il n'y a aucune comparaison à établir entre cette passerelle et les vrais ponts que l'on voit sur nos rivières; mais tel qu'il est, cet ouvrage d'art répond aux besoins des habitants et peut porter six à huit hommes chargés. Ce pont, qui n'a pas moins de vingt mètres de longueur, est suspendu par de fortes lianes accrochées aux arbres des deux rives, qui soutiennent des traverses en bambous sur lesquelles sont fixées de grossières nattes.

La campagne qui entoure Médina-Kanta produit beaucoup de rogniers (variété de palmiers) dont les troncs s'élèvent jusqu'à une hauteur de trente mètres.

Le 13 octobre, nous arrivons à Kondouma; c'est

le pays de Samba-lès-Mado, notre guide officiel jusqu'à Médine; sur sa prière et sur celle de son frère, le chef du village, nous y séjournons.

Ce village n'a de remarquable que ses grandes plantations de coton.

En partant de Kondouma, nous descendons encore une pente mauvaise et rapide, mais c'est la dernière, nous en avons fini avec la montagne. Nous sommes dans la vallée de la Gambie, à deux cents mètres d'altitude seulement. La chaleur est étouffante.

Nous atteignons la Gambie que nous longeons pendant quelque temps. Ce fleuve n'a pas moins de cinq cents mètres de largeur; il doit être peu profond, car de ses eaux boueuses émergent de nombreux rochers.

En un endroit de ce désert, Mahamadou-Saïdou m'indique, sur le sol composé de dalles ferrugineuses, deux empreintes et me dit :

— Voici le pied du chasseur peulh, et voici le pied du bœuf! Là passèrent le premier homme et le premier bœuf qui vinrent au Fouta. Dieu n'a pas effacé les traces de leurs pieds, parce qu'il aime trop les Poulars qui sont de bons marabouts.

Nous faisons ainsi une étape de 38 kilomètres, la plupart du temps au milieu d'herbes sèches de deux mètres de haut, et au coucher du soleil nous arrivons au village d'Itato.

Ici, nous sommes en pays de connaissance. Quelques habitants ont gardé le souvenir du passage des deux voyageurs français Hecquart et Lambert. Peut-être qu'à l'époque où ils passèrent à Itato, ce village était florissant. Aujourd'hui, ce n'est plus qu'une ruine. Quelques cases et des pans de fortifications à moitié détruites indiquent qu'Itato a eu à soutenir un siège. Effectivement, nous apprenons qu'il y a trois ans, il a été ruiné complètement par des bandes venues du Dentillia.

Nous y rencontrons le chef d'une caravane de *dioulas*

(colporteurs) venant du Sénégal, qui nous plonge dans la plus grande consternation. Il nous apprend que la fièvre jaune a ravagé Saint-Louis et que le *Bouroum-N'Dar* (nom indigène du gouverneur du Sénégal), le regretté M. de Lanneau, est mort.

Après une courte étape, nous arrivons à Kédougou-Tata, le premier village que nous voyons muni d'un *tata* (fortification).

Garantis par leurs montagnes faciles à défendre, les habitants du Fouta-Diallon n'ont nullement besoin d'entourer leurs villages d'une enceinte fortifiée. Mais les villages du Niocolo, bâtis au milieu de vastes plaines, dans le voisinage des Malin'ké idolâtres, ont besoin de garder leurs cases et leurs bestiaux par une muraille.

La ceinture de Kédougou n'est pas complète; seule, la demeure du chef, bâtie au centre, est défendue par douze tourelles reliées par une haute muraille en forme de paravent déplié.

Deux portes seulement donnent accès dans l'enceinte, où çà et là sont bâties les cases du chef Fodé-Hamadou. Celles-ci sont également reliées par une muraille, de la hauteur d'un homme, percée de meurtrières qui permettraient, si le *tata* était pris, de se défendre encore et obligerait l'ennemi à faire le siège de chaque maison. Trois puits abondants donneraient de l'eau aux assiégés.

Kédougou-Tata est le rempart du Fouta. Attaqué par les populations de la rive droite de la Gambie, il donnerait l'alarme à tout le pays. Le cas échéant, les habitants abandonneraient leurs cases et, enfermant bestiaux et butin dans le château du chef, organiseraient la résistance.

Vu de la grande place qui l'entoure, le *tata* de Kédougou ressemble absolument aux manoirs comme l'on en voit encore quelques-uns dans nos provinces de France.

Les toits en chaume des tourelles ainsi que ceux de toutes les cases du village se terminent par quatre perchoirs pour les hirondelles.

Les habitants de Kédougou sont musulmans, mais sentent un peu le roussi. Loin des regards austères de l'Almamy, les filles de Kédougou sont souvent au *tamtam*. A peine la nuit est-elle venue que les tambourins résonnent, les battements de mains éclatent, les chants retentissent et le bal commence. En voilà jusqu'à minuit.

Privé de ces fêtes depuis mon départ de Boké, c'est avec joie que j'entends ces manifestations du plaisir. Je laisse le docteur, qui est blasé sur ces réjouissances, et je vais faire mon homme d'importance sur l'esplanade.

Une place m'est offerte près du grand feu de paille qui éclaire le bal et ces demoiselles dansent, — pour moi!

Oumarou, l'envoyé d'Alfa Aguibou, ne nous avait pas dit qu'il possédait des talents multiples comme musicien et comme danseur. Au grand plaisir des assistants, ce beau garçon danse le pas du sabre, et j'avoue qu'il mérite son succès.

Oumarou plante son sabre nu au centre du cercle formé par la foule et invite les musiciens à battre une cadence précipitée. Il danse un pas allégorique et s'avance jusqu'au sabre qu'il saisit de sa main droite. Ses pieds suivent le rythme du tambour et, dans un pas savant, touchent à peine le sol, tandis que la lame du sabre tournoie autour de sa tête, de son corps et de ses jambes.

Les mouvements de l'homme et du sabre sont tellement rapides que l'on ne distingue plus qu'une forme vague tourbillonnant dans un nuage de poussière. Oumarou danse environ deux minutes et s'arrête tout en nage. Il y a de quoi!

Je suis couché depuis longtemps déjà et les battements des *tam-tam* durent encore. Ces nègres, quand ils s'amusent, font durer le plaisir autant que possible.

Ce dont je ne me serais jamais douté, c'est que la moindre partie de mon individu eût des propriétés de *porte-veine*. Cependant, pour le beau sexe de Kédougou, j'ai quelque valeur comme fétiche! Jacques, notre cuisinier, qui m'a coupé les cheveux aussi ras que possible, en a vendu quelques mèches à deux dames de la ville pour la somme de vingt noix de *kola*. Au prix où est ce fruit, tant estimé des noirs, cela représente au moins vingt francs!

La Gambie coule à un kilomètre environ de Kédougou-Tata. C'est un beau fleuve de trois cents mètres de largeur, dont les deux rives sont couvertes de plantations de mil.

Le 19 octobre, après une marche de quatre heures à travers un pays absolument plat, nous arrivons à Silla-Konda, limite extrême du Fouta-Diallon.

Ce village, au centre duquel se dresse un unique palmier où les colibris accrochent leurs nids, est entouré d'une double muraille de terre en mauvais état du reste; elle est flanquée de tourelles qui servent de postes et commandent chaque route.

Le chef du village, apprenant que nous avons l'intention de traverser le Bambouc pour nous rendre à Médine, cherche à nous en dissuader.

— Ce pays, dit-il, est habité par des sauvages, qui boivent du *dolo* (eau-de-vie de mil) et attaquent toutes les caravanes.

Devant notre refus de changer notre itinéraire, ce brave noir insiste pour que nous restions un jour de plus chez lui, afin, dit-il, de lui donner le temps de trouver des guides et pour que nous portions bonheur à sa maison.

Lorsque la grande chaleur est tombée, nous allons reconnaître la Gambie, qui coule près du village. A cet endroit, une île assez grande la divise en deux bras et l'un d'eux est obstrué par un barrage de roches. Les eaux ont déjà baissé de quatre mètres et là où trois semaines auparavant l'eau recouvrait les berges, des tiges de mil commencent à se montrer.

Sans doute, c'est l'heure propice pour le bain et pour la pêche ; la berge est couverte de femmes se baignant à côté d'hommes et d'enfants qui, les pieds dans l'eau, lancent leurs lignes dans la rivière. Je n'exagère pas en disant qu'il y a deux cents personnes. Notre venue effarouche bien un peu ces dames et les gamins qui se sauvent ; mais, voyant que nous ne mangeons personne, tout ce monde se rassure et reprend ses occupations.

Les *karités* (arbres à beurre) abondent dans les environs de Silla-Konda.

L'arbre à beurre, *shea*, appelé *karité* par les Peulhs, est un arbre assez grand ; ses feuilles sont de petite dimension, un peu rudes et ramassées en bouquet ; le tronc de l'arbre est rugueux et, si on l'incise, il en découle une liqueur blanchâtre. Le fruit est rond, de la grosseur d'un abricot ; une mince pellicule grise recouvre une chair blanche un peu rosée et très ferme. Cette chair onctueuse, qui rappelle le goût du foin fané, recouvre à son tour un noyau assez gros, très dur à casser, qui contient une amande à goût de noisette dont les noirs sont très friands.

On obtient le beurre en mettant la chair qui recouvre le noyau dans l'eau bouillante ; la graisse surnage et on la recueille dans des vases où on la laisse refroidir.

Les naturels du Bambouc font leur cuisine en grande partie avec le beurre de karité ; ils l'emploient aussi contre les douleurs articulaires et s'en frottent les jambes lorsqu'ils ont de grandes courses à faire. Le beurre végétal peut être également employé pour l'éclairage.

Lorsque Bruë était directeur de la Compagnie d Galam, ce beurre végétal lui fut présenté par des nat rels du Bambouc. Depuis cette époque, on appelle pl communément le beurre de *karité* beurre de *gala* mais il est encore plus connu sous le nom de *batoule*.

L'arbre à beurre est très commun dans le Bambou D'après les récits de plusieurs explorateurs, on e rencontre des forêts immenses dans la contrée qui s pare le Sénégal du Niger.

Comme le beurre de vache et la cire sont hors d prix, nous achetons quelques pains de beurre végét pour cuisiner et nous éclairer au besoin. Malgré l'abon dance de ce beurre, on nous le vend excessivement che Sous prétexte que nous sommes blancs, nous devon payer beaucoup : on se croirait aux bains de mer!

Je recommanderais bien ce beurre végétal à la con sommation, mais je crains que les gourmets n'y pren nent pas goût. Quand il est frais, il est inodore; mais quand il est un peu avancé, ah!... Eh bien, c'est l seule graisse dans laquelle nous faisons sauter de chétif poulets.

Le chef du village nous présente trois chasseurs d'é léphants qui nous guideront à travers les solitudes d Bambouc. Le départ est fixé au lendemain et nous pas sons notre dernière nuit sur le territoire du Fouta Diallon où, comme chez les montagnards écossais l'hospitalité se donne et ne se vend jamais!

XVII

MAMAKONO

Le 21 octobre, à 7 heures du matin, nous quittons Silla-Konda et, pendant une heure, nous marchons au milieu d'une plantation de karités (arbres à beurre), avant de trouver un endroit propice pour opérer le passage du fleuve. Une longue pirogue passe les hommes et les marchandises : le cheval et le mulet traversent péniblement à la nage.

A dix heures nous sommes sur la rive droite de la Gambie et nous entrons, pour plusieurs jours, dans une contrée exclusivement habitée par les fauves et les éléphants. Nous avons pour quatre jours de vivres.

Le pays que nous traversons ne ressemble en rien au Fouta. La plaine immense est couverte d'herbes sèches, hautes de trois et quatre mètres : à peine quelques rares ruisseaux et une chaleur de 38°.

A trois heures, après une marche fatigante, nous établissons notre campement à l'ombre d'un bois de bambous, sur le bord d'un ruisseau servant d'abreuvoir aux fauves de la forêt. En une heure, les abris sont installés, les feux allumés et les hamacs accrochés aux arbres.

Avec le jour, nous levons le camp et comme le mulet du docteur est blessé, hors de service, je me vois forcé d'abandonner mon cheval à mon compagnon, d'aller à pied par conséquent.

Si nous ne rencontrons pas d'animaux féroces, nous trouvons des traces nombreuses de leur passage.

Sur le bord d'un ruisseau, quatre grands trous, dans la vase fraîche, témoignent du passage récent d'un éléphant. Tout le long de la route, nous croisons des bouges où ces colosses ont pris leurs ébats et le terrain est tellement défoncé par leurs pieds énormes, que notre marche en souffre beaucoup.

Cependant, avec cette chaleur, la marche au travers d'herbes sèches, deux fois plus hautes que moi, m'est extrêmement pénible. Aussi, à midi, après une courte halte, je suis pris d'un violent accès de fièvre, qui me donne le vertige et me fait courir comme un fou. Je ne m'arrête qu'exténué et ce n'est qu'une demi-heure après que je suis en état de continuer ma route.

Le docteur a pris une assez grande avance sur moi. Il dépêche à ma recherche le Bambara Couli-Bari qui, de son mieux, me fait comprendre « qu'en avant des hommes veulent nous attaquer » et il se lamente parce qu'il n'a plus de poudre. Je presse le pas et je rejoins le docteur, que je trouve debout, appuyé sur son mousqueton, au milieu de vingt et un noirs assis par terre et armés jusqu'aux dents.

— Ouvrons l'œil! me dit-il, peut-être d'autres hommes sont-ils cachés dans les hautes herbes.

J'échange un salut avec ces messieurs qui n'étaient autres que des guerriers *du sentier* en quête de butin facile à voler.

Le chef dit carrément qu'il voulait les bagages pour les porter à son frère, le roi du Bélédougou. Bayol, montrant les paquets, et faisant jouer la batterie de son mousqueton, lui répondit :

— Voilà mes marchandises, prends-les si tu veux, mais voici nos fusils, et la poudre parlera ! Nous allons à Mamakono, chez ton frère ; il est plus simple de nous conduire là où, sans danger pour toi, tu pourras prendre mes bagages.

Cet argument paraît convaincre les pillards. Ils nous engagent à camper et nous conduisent sur un plateau dénudé où l'on établit le bivouac.

Contre leur habitude, nos hommes font bonne garde : les sentinelles ne dorment pas.

Sans nul doute, ces maraudeurs ont été intimidés par notre attitude. S'ils avaient su qu'il ne nous restait que vingt coups pour chacun de nos sept fusils Gras et que nous n'avions plus une once de poudre pour charger trente fusils ordinaires, ils eussent certainement été plus arrogants.

Dès l'aube nous prenons nos dispositions de départ. Les Malin'ké nous assurent qu'avant le coucher du soleil, nous atteindrons Mamakono. Jamais je n'ai fait une étape aussi pénible. A cheval, le docteur va plus vite que moi. Je ne le rejoins qu'à huit heures du soir et j'arrive couvert de vase jusqu'à la ceinture. Deux fois pendant cette marche, le noir qui me portait pour me faire traverser les bourbiers vaseux m'a laissé tomber dans la boue. La nuit venue, guidé par un habile chasseur qui retrouva les pistes avec ses pieds, j'ai traversé un marais couvert d'ajoncs où toute trace de sentier disparaît et où l'on enfonce jusqu'aux genoux.

Obligé par la nuit d'arrêter sa marche avant d'avoir atteint le village, le docteur a établi son camp sur le bord d'un marigot, au-dessus duquel voltigent par centaines de splendides lucioles.

J'arrive donc exténué, avec quarante-cinq kilomètres dans les jambes; à deux heures, le thermomètre marquait 39°.

Aussi, sans me préoccuper du cuisinier qui me dit que le *déjeuner* est prêt, je m'endors profondément.

Le 24 octobre, au réveil, nous sommes aussi mouillés par la rosée que s'il avait plu toute la nuit. Après une marche de cinq kilomètres, nous arrivons à Mamakono, capitale du Bélédougou, pays habité par les Malin'ké.

Le farouche chef des coureurs de brousse, Kaza, qui nous a devancés la veille, a changé en notre faveur au point d'intriguer auprès de son frère, pour nous loger chez lui.

Il met sa meilleure case à notre disposition; elle est bien petite par exemple. Sa première femme est pleine d'attentions pour nous; elle va chercher de l'eau, veille à ce qu'il ne nous manque rien... En un mot, Kaza est devenu notre ami.

Pour la première fois depuis que nous sommes en voyage, j'ai avec mon compagnon une chicane. Chicane d'autant plus inutile en réalité qu'il s'agit simplement d'une natte en paille !

Mais ce soleil de feu, la chaleur étouffante de ces régions, les fatigues, les privations aigrissent le caractère et l'instant arrive où l'on perd sa placidité. Pour de la paille, pour un peu de nourriture, pour une futilité quelconque, les meilleures relations sont compromises. Heureusement, la bonne harmonie ne tarda pas à reparaître.

Contre l'usage du pays, Kié-Kié-Mahadi, roi de Mamakono, nous fait visite le premier. Après les premiers compliments, tout en fumant une pipe à deux fourneaux, Kié-Kié nous assure qu'il a grand plaisir à nous voir, car depuis longtemps il désire entrer en relations avec les blancs du Sénégal.

— Les marchands ne viennent jamais chez nous,

dit-il, nous sommes perdus dans ce pays. Il y a plus de trente ans que nous n'avons mangé du sel. Je sais qui tu es. Les hommes du Fouta qui t'accompagnent m'ont dit que tu ne mentais jamais et que tu avais fait le voyage pour le bien des Peulhs. Reste quelques jours avec nous, repose-toi, tu ne manqueras de rien; nous causerons ensemble des affaires du pays.

Effectivement, nous ne manquons de rien. Plusieurs habitants nous apportent des mets tout préparés et la femme dévouée de notre hôte pousse la complaisance jusqu'à aller chercher du sable aurifère, afin que nous constations sa richesse.

Le lendemain de notre arrivée, Kié-Kié-Mahadi nous invite à assister au grand *tam-tam* qu'il donne en notre honneur. A quatre heures, nous nous rendons à la fête qui se tient sur la *Place du Château*. Nous arrivons, suivis de nos hommes en armes, et Kié-Kié-Mahadi, assis sur une natte et fumant sa pipe, nous invite à prendre place à ses côtés.

Toute la jeunesse bronzée de la ville est au bal; d'un côté, alignées comme des militaires, les jeunes filles chantent et marquent la mesure en battant des mains. Au pied d'un magnifique fromager, couvrant toute la place de ses branches touffues, est placé l'orchestre qui se compose de cinq tambours, grands et petits, pour produire des sons différents, d'une cloche de fer et d'un *tam-tam* énorme, soutenu par quatre pieds. Quel tapage! Les habitants de la ville sont massés derrière les musiciens.

Une jeune fille, puis deux, puis trois, esquissent un pas de danse qui n'est pas dépourvu de grâce et viennent nous saluer en posant un genou à terre. Nous donnons à chacune d'elles quelques perles en verre qui les remplissent de joie.

Kaza, l'incomparable Kaza, qui, avec son frère Sané-Oulé (or rouge), a courtisé la dive bouteille, se présente, l'œil allumé, la calotte jaune d'or posée en casseur d'assiettes, exubérant de gaieté. Il danse aussitôt un pas — le pas des chefs — en jonglant avec un fusil. Notre compagnon Oumarou fait le beau auprès des jeunes Mamakonoises et les étonne avec sa danse du sabre !

Kié-Kié-Mahadi, enchanté de notre présent, signe un traité permettant aux Français de s'établir dans le Bélédougou et d'y exploiter l'or. L'éloquence de Mahamadou-Saïdou fait une excellente impression sur ces gens qui, avant de devenir nos amis, voulaient nous attaquer.

Je profite de notre séjour prolongé pour aller à Sékoto, village dépendant de la principauté de Kié-Kié-Mahadi et distant de cinq kilomètres. Entouré de *lougans* (cultures), de toute beauté, il est habité par des Malin'ké et aussi par des Toucouleurs qui paient tribut aux premiers.

J'achète pour trois francs, argent, une jarre de *dolo* (eau-de-vie de mil), d'une contenance de cinq litres environ. C'est une bonne liqueur qui grise vite. Kaza, sachant que nous avons du *dolo*, vient à tout instant demander s'il n'y a pas moyen de boire un verre. Quand j'approuve, son œil d'alcoolique s'illumine et avec amour il porte la bienheureuse liqueur à sa bouche. Kaza est toujours « entre deux vins. »

Sans ressembler en rien aux riches montagnes du Fouta, les environs de Mamakono sont très fertiles. De forts beaux arbres, baobabs, fromagers, rahtts (bois de teinture), faux gommiers, ombragent la campagne. Les récoltes sont magnifiques et vont bientôt être rentrées; aussi chacun est-il très occupé. De tous les côtés, on entend dans les champs des bruits de calebasses cassées, mises en mouvement par une ficelle, et les cris poussés par les gardiens de cultures qui, du haut de leurs échafaudages, lancent des pierres aux oiseaux pour les empêcher de picorer les grains.

Les produits cultivés sont le gros et le petit mil, le riz qui est magnifique, les arachides, le coton et le tabac. On récolte aussi des oignons, des haricots, des patates, des ignames, des melons d'eau et certains petits tubercules, d'une forme semblable à celle de la pomme de terre dite de Hollande, dont le goût est exquis. Enfin, les feuilles du rahtt donnent une teinture vieil or, qui sert à teindre tous les vêtements du pays.

Divisée en deux parties, la haute et la basse ville, Mamakono (ventre de ma mère) est entourée d'une double muraille avec tourelles et casemates. C'est la résidence de Kié-Kié-Mahadi, roi du Bélédougou (pays de pierres). Cinq de ses frères, des oncles, quelques cousins habitent également la ville; c'est à peu près les seuls hommes libres; le reste des habitants, que l'on peut évaluer à cinq cents, sont esclaves. Chacun des notables possède un *tata* (demeure fortifiée) personnel.

Entre la haute et la basse ville, se dresse le *tata* redoutable de feu Diali Souléman. C'est un véritable château-fort qui sans artillerie serait difficile à prendre, mais qui tombe quelque peu en ruines. Le fils de Souléman, grand amateur de *dolo*, néglige les soins nécessaires à la conservation de la demeure paternelle.

Le *tata* de Kié-Kié-Mahadi est bâti dans le haut de la ville; tourelles, murs rentrants, casemates, rien n'y manque. Une vaste place, ombragée par un fromager gigantesque, comprise au centre des constructions, sert d'esplanade et là se tiennent les *tams-tams*.

La plupart des cases de la ville basse, bâties sur pilotis à quarante centimètres du sol, sont de très petite dimension. Nous sommes loin des confortables cases du Fouta.

J'ai emporté un excellent souvenir des Peulhs, mais les Malin'ké me sont plus sympathiques encore. Ils ne professent aucune religion, ne se livrent à aucune pratique de dévotion ; ce sont des gens très gais, qui consacrent le plus clair de leur journée à la danse. Presque tout le temps de notre séjour à Mamakono, il y a *tam-tam* le matin, l'après-midi et le soir.

Des musiciens ambulants courent les maisons et chantent en s'accompagnant sur une sorte de harpe à seize cordes faites avec un boyau, et appelée *Kora*. Cet instrument curieux rend de fort beaux sons ; il se compose d'un long manche monté sur une calebasse recouverte d'une peau de mouton, qui forme table d'harmonie et soutient un chevalet où passent les cordes.

J'ai offert cinquante francs d'un instrument de ce genre à un chanteur qui m'a répondu :

— Je ne vends pas ma nourrice !

La dive bouteille est en grand honneur à Mamakono, chacun la fête et notre ami Kaza est un de ses plus fervents adorateurs. Heureusement il a le *dolo* très gai.

Pour cimenter son alliance avec les Français, Kié-Kié-Mahadi nous fait accompagner par son jeune frère, Sambo, jusqu'à Médine, afin de saluer le commandant de la place.

Outre ses ressources agricoles, le Bélédougou, qui comprend quatre villages, y compris Mamakono, recèle des richesses autrement estimées des Européens. C'est une mine d'or ! Tous les ruisseaux charrient des paillettes du précieux métal. On le trouve également sous forme de pépites dans les blocs de quartz, épars un peu partout.

Très sensés, les Malin'ké ne s'occupent de la recherche de l'or que quand les cultures sont terminées. Après la moisson, vers la fin de novembre, les habitants des villages se rendent à un même endroit d'exploitation et y installent des gourbis.

D'après Kaza, de qui je tiens ces détails, avant de rechercher l'or, on tue un bouc rouge et une poule blanche. On en mange la moitié et on jette l'autre çà et là pour que le diable n'inquiète pas les travailleurs. Cette cérémonie terminée, on procède à la recherche de l'or. C'est le plus souvent les bords des ruisseaux qui sont exploités, et ce sont les femmes qui font le travail.

Ce travail est des plus simples. On met de la terre dans une calebasse que l'on remplit d'eau ; puis, en imprimant d'une main un mouvement de rotation à la calebasse, de l'autre on agite la terre pour la laver. On rejette d'abord la terre commune et les cailloux : on remplit de nouveau, et on opère ainsi jusqu'à ce qu'il n'y ait plus au fond du vase qu'un peu de sable noir ferrugineux. Alors on imprime à la calebasse un balancement qui retient l'or sur la paroi, tandis que le sable ferrugineux tombe au fond. On jette le résidu et, à l'aide d'une coquille semblable à celle des moules, on ramasse les paillettes, que l'on renferme soigneusement dans des petites cornes de biche.

La récolte par battée est minime et il se perd autant d'or qu'il en est ramassé. Mais l'opération va très vite et ne dure pas une minute. J'ai vu une battée qui a produit plus d'un gramme d'or.

Toujours d'après Kaza, les roches sont également cassées et un jour, paraît-il, on trouva dans l'une d'elles une pépite d'or grosse comme un œuf de poule. Mais les noirs chérissent l'hyperbole et je n'accorde pas grand crédit à cette histoire.

La récolte de l'or ne dure que six semaines au plus et chaque individu en ramasse pour une somme de deux mille à deux mille cinq cents francs.

Alors les caravanes se forment et vont en Gambie chercher de la poudre, des alcools, des étoffes et surtout du sel, dont les habitants de Mamakono sont absolument privés.

XVIII

LE PAYS DE L'OR

Accompagnés par les souhaits de la population de Mamakono et munis des recommandations de Kié-Kié-Mahadi pour son frère Sambo, nous quittons la capitale du Bélédougou le 31 octobre.

Kaza nous fait la conduite jusqu'à une grande distance de la ville et, en nous quittant, il est ému. Encore un peu, il pleurerait.

Après une étape de quarante-deux kilomètres à travers un pays plat, boisé et coupé de quelques ruisseaux, j'arrive à sept heures du soir sur le bord du Diali-Kobé, cours d'eau rapide de quarante mètres de largeur qui baigne les jardins du village de Marogou et dont les eaux miroitent sous un clair de lune magnifique. Un homme laissé par le docteur, pour guetter mon arrivée, me prend sur ses épaules et, entrant dans l'eau jusqu'à la ceinture, va me déposer sur la rive opposée.

Marogou, dont le nom signifie pays du riz, est un village de six à sept cents habitants, tous Malin'ké. C'est la capitale d'une petite république, appelée le Sirimana. De belles cultures de riz couvrent les environs et de grands bœufs pâturent autour du village.

L'or y est aussi commun qu'à Mamokono et le Diali-Kobé, qui porte ses eaux à la Falémée, en charrie des paillettes.

Ce village n'a pas de *tata* général, mais plusieurs propriétés sont entourées de hautes murailles en terre. La jeunesse y est très gaie ; tous les soirs il y a *tam-tam*. Le fils du chef, Mahka, jeune homme de dix-sept ans, est le boute-en-train de toutes les fêtes. Il se multiplie, il fait la cour à toutes les jeunes filles, qu'il cherche à captiver par l'élégance affectée de son costume... C'est un gommeux. Il danse, bat du *tam-tam*, joue du *koru* et dirige les musiciens. Il est le chef de la fanfare de Marogou.

Les habitants ont de belles coquilles qui servent à ramasser le sable d'or qu'ils trouvent en grande quantité dans le Diali-Kobé. On nous rapporte, prises dans le ruisseau, des moules vivantes, aux coquilles nacrées, qui ont de huit à dix centimètres de longueur.

Après trois jours de négociations, le chef, Moury-Moussa, son frère, Salomon Moussa et son fils, Mahka, signent avec nous un traité par lequel le pays est ouvert aux Français et placé sous notre protectorat.

Pendant notre séjour, la température a varié entre 34 et 26 degrés.

Nous quittons Marogou, le 3 novembre, le jour de la *tabasquie*, grande fête musulmane. Pour complaire à notre escorte, nous faisons halte sur le bord d'un ruisseau. Les croyants font de grandes ablutions, se rangent en triple ligne, la face tournée du côté de l'Orient, et Djibril Sangomar N'Dyaie entonne le grand Salam. Quelques-uns de nos hommes, sceptiques en matière religieuse, regardent leurs camarades d'un air goguenard et l'un d'eux même me dit : « Tout ça, c'est des bêtises. »

A onze heures, nous atteignons la rive gauche de la Falémée, magnifique rivière de cent cinquante mètres de largeur, le plus grand affluent du fleuve Sénégal. Cinq petites pirogues servent au passage, qui est terminé à une heure, et, bientôt après, nous arrivons à Guéséba, village bâti sur le bord de la rivière. —

Mahadi Tambo, chef de Guéséba, est très heureux de nous recevoir : il espère que nous engagerons les marchands blancs à porter du sel dans son pays. En revanche, il leur donnera de l'or ; on en trouve partout dans les environs.

Les abords de Guéséba sont couverts de belles plantations de riz, de maïs, de mil et d'arachides.

La Falémée, très large devant le village, est obstruée par quelques roches qui ne gênent pourtant pas la navigation des pirogues.

Nous rencontrons à Guéséba une troupe d'artistes ambulants, des griots, composée de deux hommes, trois femmes et deux enfants. Ces musiciens vont de village en village et chantent les louanges des grands, en échange de quelques cadeaux.

Nous finissons de souper, lorsque tout à coup les *tam-tams* résonnent et les femmes font entendre une sorte de mélopée triste et lente, qui appelle la jeunesse à la danse.

Les griots, sous la conduite de Dyaly-Siréman, profitent de la présence du chef parmi nous pour nous donner un concert. Nous ne comprenons rien à leurs paroles, bien entendu, mais les habitants semblent émerveillés des chants de la troupe. Le son des guitares attire l'attention des danseurs et la place du *tam-tam* est bientôt déserte.

Dyali-Siréman s'accompagne sur le *kora* et chante un

solo, puis les femmes, d'une voix sonore entremêlée de cris, reprennent en chœur. Nous tenons évidemment une large place dans ces récits chantés. A chaque instant le mot *Tibabo* (chef blanc) revient sur les lèvres des chanteurs. A onze heures du soir, cette fête de famille dure encore et, encouragés par nos libéralités, les griots se proposent de nous suivre le lendemain.

Le 4 novembre, nous arrivons à Farenkounda.

La guerre a ravagé la contrée, Farenkounda n'est plus qu'une ruine. Çà et là quelques pans de mur, à moitié cachés par les hautes herbes, attestent que ce village a été important. A voir nos hommes étendus au pied de ces ruines, on pourrait croire que nous venons de donner l'assaut et que nous campons sur la position conquise.

La présence de Sambo parmi notre escorte jette la consternation chez les rares habitants du village. Le chef, un vieillard aveugle, fait observer au docteur que des hommes qui ont avec eux un sauvage tel que Sambo, ne peuvent être animés de bonnes intentions.

— L'année dernière, dit-il, Farenkounda était un grand village ; de belles récoltes couvraient les environs. Ce gros figuier, maintenant isolé, abritait nos danses tous les jours. Aujourd'hui on pleure ! J'étais un chef respecté et aimé de tous ; aujourd'hui, je n'ai plus que quelques enfants pour m'aider à passer les jours que j'ai encore à vivre, car depuis longtemps déjà mes yeux ne voient plus le soleil.

Qui donc a jeté la désolation dans mon village ? Qui donc a brûlé les *lougans*, cassé le *tata*, égorgé tout le monde ? Les hommes du Bélédougou ! Les frères de Sambo !

Un matin, avant que le soleil eût éclairé la campagne, ils sont venus piller, brûler et, comme des tigres, ils ont emporté nos enfants ! Tu me dis que tu ne viens ici que pour le bien de ton pays ; je pourrais te croire ; mais, en voyant avec toi un sauvage comme Sambo, permets-moi d'en douter.

Longuement, le docteur combat les appréhensions du vieillard, le rassure sur nos intentions et termine en disant :

— Sois tranquille, vieillard ; tant que tes enfants seront les amis des Français, ni les hommes du Bélédougou, ni d'autres, ne leur feront la guerre.

Le lendemain, Salouma, le vieux chef, complètement édifié à notre égard, place le pays de Kama sous notre protectorat. Ses fils, émerveillés du présent que nous faisons à leur père, envoient chercher de l'argile aurifère, qui est lavée devant nous. La battée est d'une richesse extrême. Je me fais conduire à l'endroit où cette terre a été prise et j'en remplis une caisse en fer ; il y en a vingt-cinq kilogrammes.

Les divers échantillons de minerai aurifère que nous avons recueillis dans le Bambouc, ont été remis à l'École des mines. L'analyse a donné des résultats surprenants.

Lorsque nous arrivons en vue de Kérékoto, des femmes et des enfants qui travaillent dans les champs se sauvent en poussant de grands cris et vont donner l'alarme au village. Tous les hommes, armés jusqu'aux dents, viennent à notre rencontre et, craignant une attaque, font mine de nous barrer le passage. Mais la vue de deux visages blancs les rassure. Nous parlementons et ces farouches guerriers nous prient d'attendre, avant de pénétrer dans le *tata*, que le chef soit prévenu. Une demi-heure après, nous entrons dans le village, précédés des griots qui chantent pendant que Dyali Siréman joue sur son *kora* une marche brillante.

Ce premier jour, nous soupons d'une excellente friture de petits poissons qui nous semble d'autant meilleure que c'est la première fois que nous en mangeons.

Mais le *tam-tam* commence. Toutes les beautés de la ville, en toilettes aussi brillantes que possible, y assistent. Deux jeunes filles dansent avec une grâce parfaite un pas de deux rappelant le boléro; leurs petits pieds touchent à peine le sol et s'agitent, imprimant au torse des mouvements charmants. Leurs mouvements deviennent de plus en plus rapides, l'orchestre précipite sa cadence, les danseuses détachent les écharpes qui garnissent leur poitrine et les agitent au-dessus de leur tête en prenant des poses gracieuses. Leur torse de bronze, brillant de sueur, reflète la flamme d'un grand feu de paille, dont la lumière donne encore plus de relief à leurs formes, qui sont d'une remarquable pureté.

A Kérékoto, nous faisons la rencontre d'un marchand noir qui arrive de Médine avec un âne et deux hommes chargés de sel qu'il vient échanger contre de l'or. En une après-midi, cet honnête commerçant, qui se contente d'un bénéfice de mille pour cent, a terminé son opération commerciale. Nous lui proposons de louer son âne pour aller jusqu'à Médine. Il y consent pour le prix de vingt francs, dix francs en pièces de cinquante centimes et dix francs représentés par un morceau de corail. Nous convenons que le bourricot sera déposé au poste de Médine et je prends immédiatement possession de cette nouvelle monture qui doit m'aider à faire, sans trop de fatigue, le reste de la route.

Kérékoto, capitale du district de Kofé, a une population de mille habitants et est entourée de hautes murailles en terre. Cette petite ville n'est pas très éloignée de la Falémée et ses habitants, qui ont beaucoup de goût pour la pêche, vont y chercher le poisson nécessaire à leurs besoins. Partout, dans la ville, on voit des engins de pêche, filets, nasses, en tout semblables aux nôtres, qui sèchent au soleil.

Le chef de Kérékoto provoque un palabre, où assistent

les chefs des villages de sa juridiction, et on conclut un traité qui ouvre le pays de Kofé à notre commerce.

En quittant Kérékoto, je fais vraiment bonne figure, monté sur mon petit âne qui, sans le secours du bâton, marche d'un pas régulier. Nous couchons à Kounsiline, village de Niatiaga, où l'on cultive beaucoup le tabac. Nous recevons l'hospitalité chez un brave noir qui se trouve dans les champs au moment de notre arrivée. Lorsqu'il rentre chez lui et voit sa cour envahie par une troupe d'hommes étrangers, il manifeste un grand contentement et vient chaleureusement nous serrer la main, pendant que ses petits enfants grimpent sur ses épaules pour l'embrasser. Kadè-Mahadi doit être un homme heureux, l'affection dont il est entouré l'indique suffisamment. Ce brave homme, toujours le sourire sur les lèvres, met tout sens dessus dessous pour nous recevoir. Toutes ses femmes sont occupées à surveiller les marmites où cuit la nourriture de notre suite.

Un griot, habitant d'un village où nous avons passé en venant à Kounsiline, vient réclamer contre nos hommes qui, dit-il, lui ont dérobé six pipes en terre inachevées et deux ébauchoirs en fer. Nous faisons une enquête et nous retrouvons les objets volés entre les mains de Jacques, notre cuisinier, et de son ami Souléman. Ces pipes étaient aussi élégantes de forme que celles qu'on appelle pipes du Levant et les ébauchoirs étaient en tout semblables à ceux dont se servent les modeleurs.

— Nous n'avons pas volé, dit Jacques ; les pipes étaient toutes seules sur le bord du marigot : Souléman et moi, nous avons *profité !*

En quittant Kounsiline, nous avons, pour la première fois, à souffrir du vent d'Est ; ce vent chaud, particulier à l'Afrique, qui dessèche tout et qui, en deux jours, dépouille les arbres de leurs feuilles.

Nous atteignons le village de Bourokonet, dont le

chef insiste pour que nous n'allions pas plus loin ; nous cédons à ses désirs, mais nous ne tardons pas à le regretter.

Non seulement, ce chef ne nous offre pas même un verre d'eau, mais, le lendemain, à l'instant du départ, on nous vole un filtre à charbon, des ustensiles de cuisine et quelques objets appartenant à nos hommes. Le docteur se fâche et déclare au chef que, si le soir même les objets volés ne nous sont pas rapportés à Sadïola, où nous allons, nous retournerons sur nos pas pour brûler son village et ses cultures. Le chef, tremblant comme une feuille, s'excuse de son mieux et promet d'employer tous ses efforts pour nous faire rendre les objets dérobés.

Nous quittons immédiatement le *tata* et, après une demi-heure de marche à travers de fort belles cultures de mil, nous arrivons à Sadïola, capitale du pays de Niatiaga.

Le vol dont nous avions été victimes à Bouroukonet était déjà connu des habitants de Sadïola qui ont une peur atroce de nous voir arriver en ennemis.

— Bourokonet déshonore le pays et gâte la route que vous avez faite, nous dit le chef de Sadïola ; si les hommes du village ne rendent pas ce qu'ils ont pris, nous vous aiderons à les battre, mais il ne faut pas se presser !

Chez le forgeron où nous logeons, nous sommes l'objet de toutes sortes de prévenances. On craint toujours de nous voir brûler les récoltes. Les palabres ne cessent pas. Nos hommes sont enchantés de la perspective d'attaquer le village et disent aux habitants :

— Nous allons faire parler la poudre pour les gens de Bouroukonet !

Mais le soir, quelques-uns des objets volés sont apportés et l'on promet les autres pour le lendemain.

Effectivement, le lendemain, le chef de Bouroukonet

et douze notables du village viennent demander pardon et rapportent le restant du larcin, moins un couteau que l'on n'a pu retrouver.

Les habitants de Bouroukonet embrassent la terre en signe de soumission et le docteur accorde le pardon.

Le chef de Sadïola insiste pour que nous passions avec lui un traité qui mette le Niatiaga sous le protectorat de la France, et ouvre ce pays à l'extraction et au commerce de l'or. Le traité est rédigé et signé. Un traité semblable est signé aussi avec le chef du petit Sirimana.

Nous quittons Sadïola. A mi-chemin de ce village, à Farabakouta, nous visitons les mines d'or de Sadïola. Sept puits d'environ six mètres de profondeur sont reliés entre eux par des galeries souterraines ; des piliers de bois soutiennent les terres pour éviter les éboulements. Je descends dans les puits, à l'aide d'escaliers ménagés dans les parois, où l'on remarque très bien les différentes couches d'argile tachetée de rose et de blanc, ou d'argile couleur d'ocre. Dans la terre extraite pendant la précédente exploitation, on remarque une substance crayeuse, semblable à du plâtre. Tout proche de la mine, un puits, creusé dans une roche ferrugineuse, produit l'eau nécessaire au lavage du minerai.

D'après les renseignements fournis par les indigènes, tous les territoires de Sadïola, de Farabakouta et de Sirimana sont très riches en minerai aurifère.

Après une heure de marche, nous gravissons la pente abrupte de la chaîne de Tambaoura, montagnes d'environ deux cents mètres de hauteur au-dessus du Sirimana. De ces sommets, nous voyons les plaines du Bambouc, qui s'étendent aussi loin que le regard peut atteindre et dont la monotonie n'est rompue que par quelques mamelons.

Nous marchons toute la journée sur un sol jonché de

roches et de broussailles, d'où émergent quelques arbres énormes. A cinq heures du soir, nous bivaquons au bord d'une mare, qui sert d'abreuvoir aux fauves, seuls habitants de cette solitude.

Pendant la nuit la fraîcheur est telle, que nous nous groupons autour d'un feu pétillant. Le thermomètre marque 13°, à cinq heures du matin. Au jour, nous levons le camp. A midi, nous avons une chaleur de 35°. La fièvre, qui semblait m'avoir abandonné, fait sa réapparition et je subis un violent accès qui dure deux heures.

Nous passons entre deux rochers de grès veinés de rose, que leurs formes font ressembler à des sphinx. A la nuit, nous campons près d'un marécage, où les sangliers ont tellement barboté que l'eau n'en est plus potable.

Pendant cette dernière nuit passée dans les grandes solitudes de l'Afrique, j'ai pu me convaincre une fois de plus que, pris isolément, les nègres sont des poltrons. Avant la nuit, un homme en quête d'eau potable avait découvert une mare d'eau claire, perdue au milieu d'un effondrement de rochers, à une faible distance de notre bivac. Chaque groupe avait fait sa provision pour la nuit, mais les nègres ont une soif constante ; la provision est épuisée et aucun de ces messieurs ne veut en aller chercher.

En vain, j'ordonne à l'homme qui a trouvé la mare d'aller quérir de l'eau pour la consommation, il répond qu'il fait trop noir. Je lui propose de l'accompagner ; alors plusieurs hommes, complètement rassurés par la présence d'un blanc, viennent avec moi, portant, pour éclairer la marche, des tisons enflammés. Nous suivons le lit desséché d'un torrent obstrué par de grosses roches noires, parmi lesquelles poussent des arbres tordus et rabougris, dont les formes étranges sont rendues plus étranges encore par l'obscurité. En revenant au camp, des imprudents jettent leurs tisons à demi éteints sur les herbes sèches et, une heure après, nous sommes enserrés dans un cercle de feu qui dure jusqu'au jour.

Enfin, à l'aube, nous commençons l'étape qui doit terminer notre voyage. Le soleil fait scintiller les gouttelettes de rosée accrochées à chaque brin d'herbe. Nous suivons un sentier qui court sur le flanc de la montagne, et d'où le coup d'œil est magnifique. A nos pieds s'étend la vallée du Sénégal à travers laquelle le fleuve se déroule sans fin. Au delà, les montagnes de Koniakary, profilent leurs formes noyées dans la brume du matin.

A mesure que nous descendons, le paysage se dérobe et, quand nous sommes dans la vallée, notre vue est bornée par une végétation composée de hautes herbes desséchées d'où s'élancent, çà et là, les squelettes d'arbres dénudés, sur lesquels les merles caquettent avec bruit.

Au delà d'un pli de terrain se montrent les premières traces de civilisation européenne; le fil du télégraphe, servant de perchoir à des oiseaux magnifiques, est soutenu par des poteaux grossiers, qu'on a coupés dans la brousse,

Enfin, le fort de Médine, dominant les cases de la ville, se montre à notre vue. Hélas! le pavillon jaune, le pavillon de la quarantaine, a pris la place des couleurs nationales et flotte au-dessus du poste.

Je ne sais quel sentiment s'empare de moi. Tout au contraire du plaisir que je devrais ressentir en songeant que bientôt je reverrai ma famille et mes amis, je suis envahi par une grande tristesse et, jetant un regard en arrière, je regrette presque de voir si tôt se terminer ce voyage qui cependant a été si pénible.

La misère, les fatigues, les privations que l'on supporte au milieu de populations simples, où l'hospitalité est la première des vertus, ne sont rien auprès des tribulations de la vie civilisée.

Quant à nos hommes, ils sont ravis de voir la fin de leurs fatigues ; ils sont enchantés à l'idée que, le lendemain, ils n'auront pas une charge pesante à porter sur la tête, pendant les longues étapes quotidiennes. Ils pensent qu'un bateau nous conduira bientôt à Saint-Louis et ils expriment leur joie en brûlant les dernières charges de poudre de la mission.

Le jeudi, 17 novembre, à midi, six mois après notre départ de Boké, jour pour jour, nous entrons dans le poste de Médine, au nombre de 66 hommes, dont deux blancs, plus un mulet hors de service, un cheval dans le même état et un âne qui a vaillamment gagné le prix de sa location. M. le capitaine Combes, commandant de Médine, nous reçoit avec la plus franche cordialité et nous fait immédiatement asseoir devant un excellent déjeuner qui nous attend.

XIX

LE ROI DAMAS

Médine, qui hier encore était le point extrême de nos possessions dans le Soudan, est trop connu pour qu'il soit nécessaire d'en faire une description. Il y a quelque vingt ans qu'un homme d'une énergie peu commune, l'illustre Paul Holl, commandant civil de Médine, à la tête d'une poignée de braves, défendit héroïquement cette place contre les forces considérables du prophète toucouleur Héladji Omar.

Disons cependant, qu'à l'époque où nous nous sommes trouvés à Médine, le commerce de cette station réalisait des bénéfices considérables. Ainsi, une boîte d'allumettes de dix centimes se vendait cinquante centimes et un paquet de bougies coûtait cinq francs.

A notre arrivée, les officiers du poste s'informent de nos besoins et M. Cattier a l'obligeance de remplir nos poches de tabac et de cigares.

Il nous fallait arriver en un lieu civilisé pour voir le

seul animal féroce que j'aie rencontré durant mon voyage. Une jeune lionne, répondant au doux nom de Louise, est attachée au pied d'un gros arbre qui ombrage la cour du poste. Le commandant Combes, son maître, m'invite à la caresser et je le fais sans danger aucun, car cette lionne est douce comme une brebis.

Le docteur reçoit, de la part du colonel Borgnis-Desbordes, commandant supérieur des travaux des Kayes, un télégramme l'invitant à déjeuner pour le lendemain. Je reçois également une invitation de MM. Archinard et de Gasquet, capitaines d'artillerie. Le 18 novembre, au matin, nous partons pour Kayes, station située sur le fleuve, à quatorze kilomètres en aval de Médine. A dix heures, nous sommes auprès du colonel Borgnis-Desbordes. Si courte que soit l'entrevue, je la trouve encore trop longue tant j'ai hâte de voir mon excellent ami, le docteur Edouard Dupouy.

Le docteur Dupouy, médecin de la colonne Borgnis-Desbordes, a fait les dernières campagnes du haut Niger. Médecin du fort de Kita pendant l'année 1782, on lui doit des travaux intéressants sur le pays. Il a établi la météorologie et la topographie médicale du Soudan. Il a créé un sanatorium sur le massif de Kita, où les Européens peuvent rétablir leur santé compromise par le climat. Cet établissement sanitaire a déjà donné d'excellents résultats.

Par une attention dont je les remercie, MM. Archinard et de Gasquet ont invité Dupouy à déjeuner. C'est lui qui me présente à nos hôtes. Le déjeuner est très gai, je bavarde beaucoup et ces messieurs doivent s'apercevoir à mon appétit qu'il y a longtemps que je n'ai fait un aussi bon repas.

Kayes n'est, en réalité, qu'un chantier de chemin de fer en formation. Dix jours auparavant, une petite armée composée de militaires et de civils, la plupart échappés à la fièvre jaune, pâles, défaits, s'était abattue sur ce point du fleuve, où il n'y avait rien qu'un petit groupe de cases. Déjà des habitations en terre et des abris en toile sont construits, soldats et ouvriers peuvent s'abriter des rayons du soleil. Tel est l'aspect de Kayes, le 18 novembre 1881.

Lorsque nous rentrons à Médine, nous apprenons la mort de notre tirailleur Dimba-Eliman qui vient de succomber des suites d'un érysipèle.

Le 19 au matin, nous enterrons ce brave soldat qui comptait dix-huit ans de service dans les tirailleurs sénégalais et qui venait de mourir en touchant au port, sans avoir pu embrasser sa femme et ses enfants. En route, il s'était constitué notre gardien le plus fidèle ; il couchait en travers de notre porte et poussait même le dévouement jusqu'à nous accompagner quand, dans la brousse, nous aimions à nous écarter du sentier.

— Pauvre Dimba !

En m'entendant pousser cette exclamation, le fervent Gibril Sangomar N'Dyaie s'écrie :

— Non ! Dimba n'est pas pauvre ! Il est fini. Ça regarde pas nous ! C'est Dieu qui est le maître !

Puissant fatalisme, cher à la race noire, qui fait de quelques-uns des héros méprisant la mort, et des autres des esclaves pleins de résignation.

Nous retournons à Kayes avec notre personnel le 22 novembre, et nous prenons la route de Bakel. Le soir, nous couchons à Diakandiapé, grand village bâti sur la rive gauche du Sénégal, où nous recevons l'hospitalité chez un noir qui parle très bien le français. Eh bien ! après ce court séjour au milieu des blancs, nous sommes heureux de reprendre l'existence passée. A vivre isolé, on devient sauvage. Nous goûtons de nouveau cette indépendance absolue que nous aimons. Je sens par moi-même les raisons pour lesquelles les explorateurs, malgré les fatigues et la misère, ne demandent qu'à explorer sans cesse. J'éprouve ce désir et je ons que dorénavant il me sera pénible de vivre d'une ulre existence.

Le 23 novembre, nous arrivons au village de Gore, ésidence de Damas, dernier souverain Bambara de la amille des Massassis.

Damas était roi du Kaarta, puissant Etat situé sur a rive gauche du Niger, quand le conquérant toucou-eur Hadji-Omar l'a vaincu et s'est emparé de son ter-itoire.

Damas s'est réfugié, avec sa famille, sous la protec-ion du gouvernement français, qui lui a donné un erritoire sur la rive gauche du Sénégal. Par deux fois, docteur Bayol, membre de la mission Galliéni, a isité ce monarque. C'est un ami pour ces Bambaras. ussi est-ce en amis que l'on nous reçoit et Damas nous avite à rester un jour chez lui, afin de nous offrir un *m-tam* digne de nous.

Lorsque nous présentons nos respects à Damas, il st assis sur une peau de lion, au milieu de quelques embres de sa famille. Sa longue barbe blanche, ses êtements flottants, sa coiffure, calotte à deux pointes essemblant à un chapeau d'évêque, tout lui donne une ingulière dignité. Deux de ses petits enfants sont assis evant lui. On le prendrait pour un patriarche des emps antiques, sans la pipe emmanchée au bout d'un ng tuyau qui ne quitte pas ses lèvres.

A ma grande surprise, les femmes assistent au alabre et prennent part aux débats ; les attentions des ambaras pour le beau sexe me donnent d'eux une xcellente opinion.

Du reste les Bambaras sont gens de goût et tiennent musique en grande estime. A la cour de Damas il y un conservatoire de musique. Deux professeurs sont hargés d'apprendre à jouer de la flûte, l'instrument her à cette race, aux jeunes gens qui embrassent la arrière musicale.

Les Bambaras se distinguent des autres noirs par trois entailles parallèles qui sillonnent chaque joue depuis le coin de l'œil, jusqu'à la commissure des lèvres. Chez les membres de la famille royale, ces entailles se prolongent jusque sous le menton où elles se rejoignent. Elles résultent d'une opération pratiquée sur les enfants en bas âge, garçons ou filles, pour les habitüer à souffrir.

La plupart des Bambaras sont athées. Si on leur parle de Dieu, ils répondent qu'ils ne l'ont jamais vu et ajoutent que la mort ne laisse rien derrière elle : on enterre le cadavre, les vers le mangent et c'est fini.

A la cour de Damas, une grande joie était réservée à un homme de notre escorte. J'ai déjà parlé d'un Bambara répondant au nom de Couli-Bari ; cet homme nous avait été chaudement recommandé et s'était montré très dévoué. Nous étions loin de supposer que nous avions pour portefaix un prince, un vrai prince, issu d'une grande famille royale. Couli-Bari était tout simplement le neveu du roi Damas.

Dans son jeune âge, Couli-Bari avait été enlevé dans une razzia faite par des Maures et emmené en captivité. Il grandit dans l'esclavage et changea souvent de maître. Il vint à Rufisque à la suite d'un négociant maure, à qui il faussa compagnie. Il était redevenu homme libre depuis plusieurs années, quand il fit avec nous le voyage du Fouta.

A Gorè, ses cicatrices caractéristiques le font reconnaître pour un prince Bambara. On le questionne, mais il a oublié sa langue maternelle et doit se servir d'un interprète pour répondre. Sa surprise est immense en apprenant que Damas est son oncle ; il demande immédiatement où est sa mère ; on lui répond qu'elle est morte ; mais on lui présente une jolie jeune fille en disant : voilà ta sœur ! Complètement abasourdis par un tel événement, ces deux jeunes gens se regardent sans mot dire et de grosses larmes coulent sur leurs joues.

« Embrasse-la ! » dis-je à Couli-Bari ; mais chez les noirs on ne s'embrasse pas devant le monde et, se regardant toujours, ils se contentent de pleurer.

Au pays des noirs, le coucher du soleil précède de quelques instants seulement l'heure du plaisir. Les derniers rayons de l'astre du jour viennent à peine de disparaître et déjà les tambourins et les trompes appellent les habitants à la fête que Damas donne en notre honneur. La nuit est splendide, des milliers d'étoiles scintillent dans le paysage et les hautes murailles du *tata* se profilent avec vigueur sur le ciel.

Un grand cercle formé par les habitants, tous assis par terre, occupe le milieu de la place, devant le *tata* royal. Damas s'est adossé contre la muraille de sa maison et, accroupi sur une peau de lion, il fume sa pipe et joue avec ses petits enfants.

Deux bougies de cire, longues de quatre-vingts centimètres et grosses comme le pouce, sont allumées à côté du monarque.

Les femmes de Damas sont assises à sa droite et deux petits sièges nous sont réservés à sa gauche. En face du roi, à l'extrémité du cercle, se tient l'orchestre, composé de cinq tambours de différentes dimensions, de six trompes faites avec la corne du koba, de trois flûtes et de deux petites guitares.

Damas articule une phrase qui signifie sans doute : que la fête commence ! et les instruments jouent l'ouverture.

Le docteur m'a souvent vanté les *tams-tams* bambaras ; dans le Bambouc, j'ai assisté à ces danses plus ou moins sauvages qu'exécutaient les femmes mal'inké ; mais nulle part je n'ai vu rien de semblable au *tam-tam* que Damas nous offre. Ce ne sont plus des pas incohérents comme dans le Bambouc ; c'est un véritable ballet, coupé en plusieurs parties : tragédie mimée et savamment interprétée par de vrais artistes.

Le roi Damas a donc donné l'ordre de commencer. Deux femmes voilées, accompagnées d'un joueur de flûte, se détachant du groupe des musiciens, viennent courtoisement saluer le roi, et retournent à leur place.

Puis, pendant que les tambourins battent une marche lente, que les cornes lancent des notes mélancoliques, les deux femmes voilées entonnent une mélopée triste et rythmée ; ensuite, précédées du joueur de flûte qui soutient leur chant, elles font lentement et à pas démesurés le tour du cercle. Quand la phrase chantée est achevée, la flûte joue une courte ritournelle puis reprend avec les chanteuses. Tout le temps que dure cette scène, les assistants battent des mains pour marquer la mesure.

On m'explique que ces femmes chantent la gloire des vieux Massassis et excitent les jeunes guerriers à combattre les Toucouleurs, à les exterminer et à reprendre possession du sol où dorment leurs pères. C'est le prélude.

Cette scène est suivie d'une partie de trompe avec accompagnement de tambourins ; puis un homme assis à nos côtés se lève, saisit un fusil, salue le roi et entre en scène. Alors un des assistants vient lui prendre son arme, par trois fois la lève en l'air et la lui rend. Cette figure indique que c'est un fils de roi qui va danser.

Ce prince mime une scène tragique ; ses gestes sont nobles, amples et gracieux. Le guerrier s'adresse à un ennemi invisible ; il semble implorer le ciel pour en obtenir la victoire et, avec des gestes menaçants, provoquer un adversaire imaginaire. La lutte s'engage, il tient l'ennemi au bout de son long fusil... et le tue ! Enfin, l'acteur danse un pas plus majestueux encore que les précédents et retourne à sa place.

Un intermède d'orchestre précède alors un griot qui

vient saluer le maître. Le mouvement de l'orchestre, les battements de mains se précipitent et l'artiste, un mime comique, danse le pas de la victoire et de la joie qui en résulte. Ce sont tantôt des poses pleines d'orgueil, tantôt des pirouettes, tantôt des sauts pleins de gaieté. Enfin, tournant obliquement sur lui-même, le danseur valse comme une toupie d'Allemagne et ses pieds retombent sur le sol avec une assurance parfaite. Il regagne sa place et de nouveau les deux femmes voilées, cette fois précédées de deux flûtistes, chantent des stances.

L'ennemi est vaincu et exterminé, les rois Massassis ont reconquis leur trône !

La fête se termine par des intermèdes de danse et de musique et ne prend fin que lorsque les chandelles s'éteignent.

Nous quittons Gorè le lendemain et le 26 novembre, nous arrivons à Bakel, au grand plaisir de notre personnel qui voit enfin se terminer les longues marches des jours précédents.

On ne peut jamais contenter tout le monde : pendant que nos Ouolofs étaient heureux de parcourir la route argileuse qui sépare Kayes de Bakel; Abdoul-Bagui, un des envoyés peulhs, depuis son enfance habitué à courir dans les montagnes du Fouta, nous disait :

— Je suis trop fatigué, ici on ne peut pas marcher, il n'y a pas de pierres !

Malgré les instances de M. Laude, le commandant du cercle de Bakel, qui désirerait nous garder quelques jours, les eaux baissant rapidement, le 27 novembre nous montons à bord du *Médine* où le capitaine, M. Blanchard, le second M. Ordonneau et le mécanicien sont, avec nous, les seuls Européens qui se trouvent à bord. A peine sommes-nous en route qu'à un mille et demi, en aval de Bakel, le navire s'échoue sur un banc de sable. Les eaux sont déjà très basses.

Pendant dix-huit heures, le capitaine, le second et le mécanicien travaillent quatre fois comme l'équipage, exclusivement composé de noirs, et le lendemain matin nous continuons notre route. Mais, six milles plus bas, le *Médine* s'échoue de nouveau et, cette fois, pendant trente-cinq heures.

Le navire dégagé, nous pouvons, malgré les obstacles qui restent à franchir, descendre le Sénégal.

Nous voyons par centaines des caïmans énormes se chauffer au soleil. Des bataillons innombrables d'oiseaux magnifiques évoluent dans les airs avec un ensemble parfait. Nous passons devant le fort de Matam, devant la tour de Saldé et, le dimanche 4 décembre, à l'heure du déjeuner, nous arrivons à Podor où le commandant M. Carthoux et le docteur, M. Léné, nous invitent gracieusement à leur table.

Nous fûmes douloureusement impressionnés ce jour-là.

Abdoul-Bosco, le jeune berger de Podor, était un petit bonhomme bossu devant et derrière d'un naturel très gai. Il était le camarade de la garnison du poste; aussi, grâce aux libéralités des militaires, il portait un costume cocasse, composé de la culotte indigène, d'une vareuse de tirailleur et d'un képi d'artilleur.

Lors de notre arrivée au poste, Abdoul-Bosco sifflotant entre ses dents conduisait paître un troupeau et M. Léné nous le présenta comme un chasseur de serpents émérite.

Après déjeuner, nous retournions à bord et M. Léné nous accompagnait, lorsque nous vîmes accourir le berger tenant à ses deux mains un serpent trigonocéphale. Il ne pouvait plus parler; il avait été mordu aux lèvres. Le conduire au poste, lui prodiguer les soins nécessaires fut l'affaire d'un instant, mais tout était inutile, les lèvres d'Abdoul étaient déjà plus grosses que le pouce, sa tête avait doublé de volume et après une heure d'agonie ce petit bossu, rendu plus difforme encore par sa tête monstrueuse, luttant énergiquement contre la mort, se leva d'un bond et retomba en poussant le dernier soupir.

Les officiers de l'escadron de spahis cantonné à Richard-Toll nous adressent à Podor, par le télégraphe, une invitation à dîner pour le lendemain, 5 décembre.

Quoique partis dès le matin, nous ne pouvons nous rendre à cette invitation. Un accident survenu à la machine du remorqueur nous oblige à mouiller à vingt milles en amont de Richard-Toll, près d'une immense plaine, inondée quelques jours auparavant; aussi le nombre des moustiques qui bourdonnent à nos oreilles est-il incalculable. Jamais je n'ai autant souffert des piqûres de ces méchants insectes; nous ne pouvons dormir et nous passons la nuit à causer ou à nous gratter simultanément.

Dès la pointe du jour, nous sommes en état de continuer notre route et, à dix heures, nous arrivons en vue de Richard-Toll. Le *Médine* siffle et, peu d'instants après, une embarcation, portant à l'arrière le fanion des spahis, descend le cours de la Tawoué pour venir se ranger le long du bord. Combien nous sommes heureux d'embrasser MM. Dupré, Burq et Rouy, gais compagnons de traversée dont nous avions peur d'apprendre la mort, causée par la fièvre jaune.

Un quart d'heure après, nous débarquons devant le château.

Nous sommes reçus d'une façon splendide; nous restons à table pendant quatre heures... et quel déjeuner ! !

On fait aux envoyés peulhs les honneurs de Richard-Toll et de son magnifique parc, où, grâce au voisinage de la Tawoué et du Sénégal, la végétation est toujours verte. Malheureusement ce beau séjour, inondé une partie de l'année, n'est pas très salubre.

Comme il n'est si bonne société qui ne se sépare, nous regagnons le *Médine* à onze heures du soir. On lève l'ancre immédiatement et, le lendemain, 7 décembre, à onze heures du matin, nous sommes en rade de Saint-Louis.

La ville est triste; on y voit peu d'Européens. Saint-Louis est en quarantaine.

Le 20 nous allions à Dakar pour prendre le courrier de France qui nous ramènera à Bordeaux, où nous devions arriver le 4 janvier 1882.

XX

LA DANSE ET LA MUSIQUE AU SOUDAN

On a vu au courant de ce récit combien les noirs du Soudan chérissent la musique et la danse.

« Dès le coucher du soleil, toute l'Afrique danse... » dit Golbery.

Cela est absolument exact. Quelques peuplades même, comme les Malin'ké du Bambouc, n'attendent pas que l'astre du jour ait disparu derrière l'horizon pour prendre leurs ébats chorégraphiques; à l'ombre des gigantesques fromagers, il y a bal le matin et l'après-midi.

Chez les noirs musulmans, la danse n'est pratiquée que par les dames et les griots, tandis qu'au contraire, dans certaines tribus fétichistes, depuis les princes jusqu'au dernier des captifs, tout le monde peut y prendre part.

Nous avons vu, dans les différentes contrées où nous sommes passés, les jeunes filles parées de leur mieux, se réunir le soir et entourer les tambourinaires nègres. Nous avons vu d'abord les jeunes vierges Landoumans danser toute une nuit au rythme des *tam-tams*. Puis, au Fouta, plus rien, pas la moindre réjouissance. En vain chaque jour j'espérais qu'au village prochain on se divertirait un peu. Non! l'austérité religieuse des Foulahs condamne la danse comme chose inventée par le diable pour pervertir la jeunesse. La prohibition des marabouts s'étend même à certains instruments de musique. Un griot qui jouerait du *kora* (harpe mandingue) ou du *balafon* (sorte de xylophone) serait puni de mort.

Au Fouta, le calme du soir n'est troublé que par les voix aiguës des enfants qui, rangés autour d'un grand feu, assistent à l'école, ou bien par les appels du *muzzelin — Allah Cobar laï allah!* — lorsque l'heure de la prière du soir a sonné.

Point de réunions bruyantes; on vit chez soi, en famille, où l'on écoute les récits d'un conteur dont les gestes expressifs provoquent, dans l'auditoire, tantôt la terreur, tantôt le rire. Si l'on fait de la musique, c'est presque exclusivement dans la case des Porton'ké (hommes du pays blanc).

Souvent les réunions étaient nombreuses dans notre demeure. Les griots s'y donnaient rendez-vous et les moins timides de nos voisins, sachant que nous accueillions tout le monde avec bonté, profitaient de l'occasion pour venir entendre un peu de musique nationale.

En quittant les hauts plateaux du Fouta, lorsque l'on entre dans le Niocolo, dernière annexion des Peulhs, l'on est déjà à cinq cents kilomètres de la capitale, bien loin de l'œil des gouvernants; aussi les danses réapparaissent. Quoique fervent musulman, le chef de Kédougou-Tata n'oserait pas interdire absolument le plaisir, car il aurait contre lui tous ses administrés, qui, peut-être, appelleraient à eux les gales populations de la rive droite de la Gambie.

Les jeunes filles de Mamakono'ne se privent pas du bonheur de danser. Au moindre appel du tambour, elles accourent sur la grande place et le bal commence pour ne se terminer que fort tard.

Dans le Bambouc, il n'est pas un village, si petit qu'il soit, où l'on ne fasse *tam-tam*. Pas de restrictions, le plaisir est complet. Plus il y a de tambourins, de cloches en fer, plus le bal est brillant et toute la jeunesse est à son poste.

Les filles, rangées comme des militaires sur deux et trois files, battent des mains et chantent pour marquer la mesure aux danseuses, tandis que les jeunes hommes circulent dans la foule, font la cour aux belles, et que les vieillards, accroupis près du foyer qui éclaire la fête, regardent avec passion les ébats de cette jeunesse.

Prises dans leur ensemble, les danses, chez les différentes races de la côte occidentale d'Afrique, se ressemblent beaucoup. En général, c'est plutôt un tremblement du corps tout entier qu'un pas proprement dit. Il semble que les jeunes négresses s'appliquent à remuer les jambes le moins possible, et l'habileté pour la danseuse consiste à parcourir le diamètre du cercle formé par les spectateurs, en glissant sur le sol par de nombreuses saccades.

Cependant, dans certains villages, j'ai vu des femmes danser un pas tout différent de ceux qui sont généralement pratiqués. A voir l'enthousiasme qu'elles excitaient, les ovations dont elles étaient l'objet, il était à supposer que ces femmes devaient être des sujets d'élite qui rompaient avec les traditions. Tantôt c'étaient deux jeunes filles aux formes élégantes qui, la tête haute, le torse rejeté en arrière, le jarret tendu, tout en faisant tournoyer des écharpes qu'elles tenaient de chaque main, dansaient un pas savant où les pieds, suivant le rythme précipité des tambours, touchaient alternativement le sol de la pointe et du talon. D'autres fois, une, deux, trois jeunes filles, entraient dans le cercle en tournant sur un mouvement de valse rapide dont le pas était aussi régulier que le nôtre.

Quant au pas dit « danse des chefs » et exclusivement dansé par des guerriers, c'est plutôt une fantasia à pied qu'une danse proprement dite. Le danseur salue, jongle avec ses armes, fait le simulacre de tirer de l'arc, de lancer la sagaie ou de mettre en joue un ennemi imaginaire.

En général, les noirs qui pratiquent le métier des armes sont élégants de formes et empreints d'une certaine distinction. Le pas des chefs s'en ressent et ne manque pas de grâce.

De toutes les danses en honneur dans la Sénégambie, la plus curieuse, celle qui surprend le plus les Européens est sans contredit l'*adamalice foubine*, cette danse si chère aux Ouolofs de Saint-Louis.

La première fois que l'on voit ce pas, les moins puritains en sont presque scandalisés. Et puis, est-ce le milieu dans lequel on se trouve qui en est cause? progressivement, à mesure que le pas se déroule, le premier mouvement de surprise disparaît, et on se prend à admirer les poses plastiques des danseurs.

Les tambours exécutent un roulement précipité ; les femmes qui composent le premier rang du cercle, quelques-unes portant un enfant à cheval sur leurs reins, battent vigoureusement des mains, portent la tête en avant, et, riboulant des yeux où brille le plaisir, ouvrant la bouche et montrant deux rangées de dents magnifiques, elles excitent les danseurs de la voix en répétant toutes en mesure :

A la damalice Foubine! a la damalice Foubine!!

Je l'ai déjà dit, la musique est réservée exclusivement aux griots. Cependant nous avons vu le fils du chef de

Marogou, malgré sa haute naissance, battre du *tam-tam*, jouer du *kora*, danser, se faire l'organisateur de toutes les fêtes ; mais c'est une exception.

La musique exerce un ascendant aussi grand que la danse sur la généralité des noirs. Dès qu'un griot pince les cordes de sa guitare, il est immédiatement entouré d'une foule silencieuse et attentive. Seulement, les musiciens nègres ne font pas de l'art pour l'art, mais bien pour exploiter le public. Avant d'être artiste, le griot est courtisan et hâbleur : selon le prix qu'on y met, il vous attribue les qualités les plus exquises. En cela, du reste, les griots noirs ont beaucoup d'imitateurs parmi la race blanche.

En fait de musique, les nègres semblent rechercher surtout le bruit : aussi tiennent-ils le tambour appelé *tam-tam* en grand honneur. Cet instrument, qui varie de formes et de dimensions à l'infini, se compose le plus communément d'un tronc d'arbre creusé et recouvert d'une peau de bœuf soigneusement tendue et fixée à la paroi extérieure du tambour soit par des lanières en cuir, soit par des chevilles en bois.

Chez les Peulhs, dans toute l'étendue du Fouta-Diallon, le *tam-tam* a une forme unique. Il se compose d'une demi-sphère creuse, en bois de fromager, qui atteint jusqu'à un mètre de diamètre, laquelle est recouverte d'une peau de bœuf fortement tendue à l'aide de lanières qui viennent toutes se serrer au pôle de la demi-sphère.

Ce *tam-tam* se nomme *tabala* (tambour de guerre), il n'en existe qu'un par village ; il est toujours accroché dans la case du chef et semble être l'insigne du commandement. En marche, ce tambour, dont on ne peut battre que sur un ordre spécial, est porté par deux hommes, tandis qu'un troisième frappe dessus à l'aide de deux boules en caoutchouc attachées aux extrémités d'une corde en cuir de bœuf. Dans l'armée peulh, porteurs et batteurs de *tabala* sont des fonctionnaires au même titre que le porte-étendard.

Très sonore, le *tabala* s'entend à de grandes distances — à douze ou quinze kilomètres. Lorsque le souverain fait battre le *tabala* pour la guerre, de village en village, son appel ne tarde pas à se faire entendre jusqu'aux frontières du pays et les guerriers font leurs préparatifs de départ.

Comme notre tambour, le *tabala* a différentes batteries. L'appel aux armes, la charge, la marche des guerriers, la marche du souverain ou d'un haut fonctionnaire, etc. De plus, il y a une batterie spéciale pour appeler les habitants d'un village aux travaux des champs et pour annoncer la mort de quelqu'un, qu'on apprend par trois coups également distancés

On voit encore le *tabala* accroché dans la case des chefs du Niocolo. Mais au delà de la Gambie, dans le Bambouc et sur les bords du Sénégal, on n'en voit plus du tout : il est remplacé par les *tam-tams*, qui servent communément pour la guerre et pour le plaisir. Les uns sont formés d'un tronc d'arbre grossièrement travaillé de quarante centimètres de diamètre et de soixante de longueur, dont les deux extrémités sont garnies de peaux rattachées entre elles par des cordes pour les tendre à volonté.

Les autres se composent simplement d'un tronc d'arbre creusé, monté sur trois pieds, débité en plein bois et recouvert d'une peau fixée par des chevilles. Il y en a aussi qui ont la forme d'un mortier à piler; d'autres ressemblent à une batte à beurre. On voit encore de petits tambourins qui n'ont pas plus de quinze centimètres de diamètre et vingt-cinq de longueur, dont les extrémités sont plus larges que le milieu et dont les deux peaux sont reliées par des cordes en boyau.

On porte ces tambours sous le bras; en exerçant une

pression sur les cordes, on tend plus ou moins les peaux et l'on obtient des sons différents.

Enfin, dans les orchestres nègres, les *tam-tams* tiennent la première place et, à Saint-Louis, fréquemment, pour exciter les noirs employés à décharger les navires, deux ou trois griots battent du *tam-tam* pendant tout le temps que dure le déchargement.

Ensuite, les instruments de musique les plus usités dans le Soudan occidental sont la petite guitare, le *balafon*, le *kora* et la flûte des Bambaras.

La guitare indigène que les Peulhs appellent *kodowo-gaoulo* (musique de griot) est en usage dans toute la Sénégambie. Cet instrument, qui ressemble beaucoup plus, comme forme, à une mandoline qu'à une guitare, se compose :

1° D'un corps sonore creusé dans un seul morceau de bois léger de quarante centimètres de longueur, dix de largeur, six de profondeur, qui ressemble à la coque d'un petit bateau d'enfant ;

2° D'un manche fait avec une branche d'arbre, de deux centimètres de diamètre sur soixante-dix de longueur, qui ne dépasse le corps sonore que de quarante centimètres seulement. La partie du manche enfermée dans le corps sonore porte à son extrémité un chevalet destiné à maintenir les cordes ;

3° D'une peau de mouton fortement tendue, fixée à la paroi extérieure du corps sonore par des chevilles, qui tient lieu de table d'harmonie. Une ouverture pratiquée dans cette peau laisse passer le chevalet.

On monte le *kodowo* avec quatre cordes en crins de cheval tressés, fixées au manche par des attaches en cuir. Deux de ces cordes vont presque jusqu'à l'extrémité du manche et sont touchées comme celles du violon ; ce sont les cordes chanteuses ; les deux autres plus courtes dépassent de très peu la table d'harmonie et ne servent qu'à l'accompagnement ; elles ne rendent qu'un son. Pour compléter le *kodowo*, on fixe à l'extrémité du manche une petite plaque en fer très mince, garnie d'anneaux qui, lorsqu'on pince les cordes, rendent un son métallique.

Je ne crois pas qu'il existe de règles pour accorder cette guitare, chacun l'accorde à sa façon. J'ai eu beaucoup de ces instruments entre les mains, je n'en ai pas trouvé deux dans le même ton. Du reste, il est très rare de rencontrer deux guitares exactement pareilles : le manche est plus long ou plus court, le corps sonore suit les mêmes proportions et par cela même les cordes varient également de longueur.

Pour pincer du *kodowo*, le griot tient son instrument à peu près comme nos guitaristes tiennent le leur. Les quatre doigts de la main gauche touchent les cordes longues ; le médium de la main droite, armé d'un morceau de corne, gratte les cordes, pendant que les autres doigts frappent sur la table d'harmonie et produisent comme un battement de tambour.

Le *balafon* ressemble beaucoup au xylophone ; seulement les lames de bois qui produisent les sons, au lieu d'être montées sur des rouleaux de paille, sont posées sur des gourdes de différentes grosseurs afin de produire des sons plus forts. Les balafons ne sont pas toujours d'égales dimensions ; ils varient de une à deux octaves. Les lames de bois rendent assez bien les sons de la gamme, et avec un peu de bonne volonté on y trouve même deux demi-tons.

Comme le xylophone, le *balafon* se joue avec deux baguettes de bois, et, pour faire plus de bruit, le musicien a les mains armées d'une manique semblable à celle des cordonniers, dont la partie supérieure est recouverte d'une plaque en fer garnie d'anneaux.

Certains griots jouent du *balafon* avec une grande habileté ; il est surtout en usage chez les Nallous, les Sousous et les Landoumans ; mais il est proscrit chez les

Peulhs, comme un instrument de musique réprouvé par Dieu. Au Fouta, il est interdit d'en jouer sous peine de mort

Le *kora* (harpe mandingue) est formé d'une demi-calebasse d'assez grandes dimensions — vingt-cinq à trente centimètres de diamètre — recouverte d'une peau de mouton fortement tendue et surmontée d'un manche, légèrement recourbé en avant, d'un mètre de longueur et terminé par une plaque métallique. Un chevalet, qui diffère de longueur selon le nombre de cordes que contient l'instrument, est fixé au centre de la table d'harmonie.

Une ouverture de dix centimètres carrés est pratiquée sur le côté de la calebasse. Le *kora* se monte avec six, huit, dix, douze ou seize cordes en boyau. Ces cordes, toutes d'inégales longueurs, ne produisent qu'un son et sont fixées au manche par des attaches en cuir qui tiennent lieu de clefs.

Pour jouer du *Kora*, le musicien porte l instrument à la hauteur de l'estomac et le maintient avec les pouces et les petits doigts, tandis que les autres pincent les cordes. Il n'existe pas plus de règle pour son accord que pour celui de la guitare. Le *kora* rend des sons nourris et très agréables. Les Peulhs en interdisent l'usage.

La flûte des Bambaras est très simple, un bambou de quarante centimètres de long, fermé aux deux extrémités et percé de cinq trous ; c'est tout. Elle produit des sons aussi beaux, aussi harmonieux que ceux de notre flûte. Les griots Bambaras tirent un grand parti de cet instrument. Pour eux, jouer de la flûte est un art auquel on dresse des jeunes gens.

Outre les instruments précités, les nègres ont aussi la *trompe Ouassoulou*, sorte de cornet à bouquin, des cloches en fer de différentes grosseurs, et des castagnettes formées de deux fruits séchés et vidés, dans lesquels on enferme quelques cailloux reliés ensemble par une courte ficelle.

Au risque de faire rire, je dirai qu'à l'aide d'instruments semblables, les nègres sont susceptibles de faire de la musique harmonieuse. L'étranger est surpris, en entendant les phrases musicales des griots, du rapport qu'elles ont avec notre musique. Il est vrai qu'il faut tenir compte de l'exagération que l'on apporte en appréciant tout ce qui est nouveau et ce que d'avance on est convenu de trouver extraordinaire.

Mais, précisément à cause de ce sentiment, la surprise est d'autant plus grande qu'il semble que l'on a toujours entendu les airs des musiciens nègres. Dépouillé de l'accompagnement parfois trop discordant qui lui donne un caractère barbare, tel air semble avoir été détaché d'une gigue anglaise, tandis que tel autre rappelle un refrain de vaudeville.

Il faut, cependant, faire une exception pour les phrases lentes et monotones que chantent les jeunes filles, en accompagnant les danseuses, et pour les airs joués sur la flûte bambara. Ici, on retrouve le côté sauvage de la musique, la mélopée inspirée par la vie patriarcale des noirs. Généralement, ces phrases musicales se répètent à l'infini et sont jouées ou chantées sur un mouvement lent et empreint d'un caractère triste.

Au Fouta, dans le Bambouc, lorsque dans l'espoir d'obtenir quelques cadeaux les griots nous régalaient d'un peu de musique, j'ai été surpris plus d'une fois de la ressemblance de leurs airs avec les nôtres et je pensais que ces chanteurs avaient dû habiter les côtes où ils avaient retenu à leur façon quelques fragments de musique européenne. Mais non, aucun de ces griots n'avait été chez les blancs de Saint-Louis. Malgré mon étonnement, j'allais en conclure que la musique nègre et la musique française ont quelque parenté, lorsqu'en arrivant à Médine, je revins de mon erreur.

Médine possède un griot, de quelque talent, qu'une infirmité a fait surnommer *Tortillard*. Ce nègre, qui connaissait le docteur, vint nous faire visite et nous fit entendre des chants nouveaux que lui avaient appris les officiers européens du poste. C'étaient des refrains de troupiers : *En avant la rigolade... La cantinière a des souliers*, etc., et des sonneries militaires qu'il jouait, en les dénaturant quelque peu, sur la guitare indigène.

— Ce soir, je vais à Kayes pour faire de la musique aux Marocains, nous dit-il ; je joue *Nigousse*, les Marocains aiment bien ca, ils disent que c'est même musique qu'au Maroc.

Et il nous chante, dans un français impossible et en pinçant de la guitare, un air où effectivement on pouvait reconnaître le refrain breton *Ann'i'ni gooz*.

Dès lors mon opinion a été faite et je crois que les orgues de barbarie, les boîtes à musique, offertes en présent par les voyageurs aux habitants de l'intérieur, sont pour beaucoup dans le développement de l'art musical chez les nègres.

Nous avons laissé au Fouta deux boîtes à musique de grande dimension qui jouaient plusieurs refrains d'opérettes, entre autres la *Polka du Colonel*, chantée par madame Judic dans la *Femme à papa*, qui eut tant de succès chez les habitants du Fouta. Il n'y aurait rien de surprenant à ce que, du cylindre de la boîte à musique, l'air de M. Hervé passât sur la guitare des griots et que les Européens, explorant un jour le bassin du Niger, entendissent le refrain connu de la *Polka du Colonel* appelée par les noirs *Lamdo pouthiou amdé* (la danse du chef à cheval).

CONCLUSION

Le Fouta-Diallon est compris entre le 9° et le 13° 30' de latitude nord et le 16° et le 11° de longitude ouest.

Pour les Foulahs, le Fouta s'étend jusqu'à la mer, en réalité il n'en est pas ainsi. Les populations Landoumans, Soussous, Nallous, etc., qui habitent le littoral, paient un tribut aux Peulhs, il est vrai, mais leur territoire est bien à eux.

Grâce à son altitude élevée, le Fouta jouit d'un climat tempéré et relativement très sain. Les observations thermométriques n'ont jamais indiqué plus de 30° centigrades et le plus souvent le thermomètre se maintenait entre 20° et 28°. C'est donc une chaleur très supportable et les Européens peuvent vivre dans ces sites magnifiques sans courir les dangers que l'on rencontre au Sénégal et dans le voisinage de la côte.

Les fleuves Sénégal, Niger, Gambie, Rio-Grande, Kakrima, Falémée et tant d'autres moins importants prennent tous leur source sur les hauts plateaux du Fouta. Un nombre considérable de petits cours d'eau, affluents des grandes artères, arrosent le pays et sont les causes de sa végétation vivace et de sa grande fertilité.

L'hivernage, ou plutôt la saison des pluies, dure sept mois.

La flore est plus riche en arbres de haute futaie qu'en plantes herbacées. On rencontre très peu de fleurs des champs, mais de hautes herbes à grosses tiges recouvrent les parties de terrain non cultivées.

Les forêts produisent beaucoup d'essences de bois propres à l'ameublement et à la construction.

Les principaux arbres du pays sont le kail-cédrat (*kaya senegalensis*), le fromager (*bombax caiba*), le timmé, le théli, arbre dont l'écorce est un poison violent; le *boulémi*, le tamarinier, dont le fruit a des qualités médicinales; le karité, arbre à beurre (*bassia parki*), le baobab (*andansonia digitata*), le *houle*, dont le fruit en forme de cosse de haricot contient une farine jaune très nourrissante : le *tchiéké*, variété d'acacia, etc.

Le caoutchouc y est très abondant. Toutes les variétés de palmiers sont représentées. Les orangers, les citronniers, les bananiers, les papayers sont des arbres de luxe que l'on ne rencontre pas à l'état sauvage. De nombreux arbres fruitiers sauvages poussent dans la brousse. Quant aux caféiers, on n'en trouve que dans le Bambaya et sur le Fatala, ce qui pourrait faire supposer que cet arbuste a été importé par des Européens qui avaient établi des plantations à une faible distance de la côte. Par malheur, les indigènes n'en prennent pas un grand soin. Les purguères (*épurges*), dont la graine oléagineuse est si recherchée, entourent toutes les propriétés. Enfin, la vigne se trouve partout ; mais les Peulhs, qui appellent cette plante *poudé tiolli* (graine d'oiseaux), n'en tirent aucun parti.

La vigne du Soudan est une espèce de vigne tuberculeuse. La racine est vivace, mais les sarments meurent annuellement et se détachent de la racine au ras du sol. Sur le même sarment on peut voir des feuilles alternes et opposées, assez semblables à celles de notre vigne. Les grappes de raisins acquièrent différentes grosseurs et peuvent atteindre le poids de 500 grammes ; les grains sont noirs, de forme allongée et ont une pulpe très épaisse, le goût en est un peu amer, les pépins sont très gros. Les antilopes et les oiseaux sont, paraît-il, très friands de ces grains de raisin et en font une grande consommation.

Les produits cultivés sont : le riz; le fognié, petite graminée, ressemblant au tapioca, qui constitue un excellent aliment; les arachides, le sésame, etc. Mais à part les arachides qui sont l'objet d'une grande culture en vue de l'exportation, les autres produits ne sont guère cultivés que pour les besoins du pays.

On y trouve également des patates, des oignons (*soblés*), des haricots (*niébés*), du manioc, etc.

Sans avoir de grandes connaissances agricoles, il est facile de se rendre compte que bien des produits des régions tempérées s'acclimateraient au Fouta.

La faune comprend des lions, des léopards, des chacals, des hyènes, beaucoup de singes. On y trouve aussi des oiseaux magnifiques, des perdrix, des pintades et des lièvres. En revanche, ce qu'il y a de fourmis de toutes espèces et de toutes dimensions, est effrayant. On pourrait croire que toutes les fourmis de la création se sont donné rendez-vous dans ces pays. Cependant la culture doit les détruire, car si on rencontre fréquemment dans la brousse des amas de terre ressemblant à des huttes, ouvrages des termites, ou fourmis blanches; dans les terrains cultivés on n'en voit pas du tout.

Presque tout le commerce des rivières du Sud et de Sierra-Leone se fait avec le Fouta ou par le Fouta ; il porte principalement sur le caoutchouc, les amandes de palmes, le gingembre, le kola, le coton, le café, les arachides, le sésame; les peaux brutes de bœuf, de panthère, de singe noir ; les défenses d'éléphants, la cire et enfin l'or. Tous ces produits sont apportés par les caravanes qui viennent quelquefois de très loin. Certaines même venant du Ouassoulou, pays situé sur la rive droite du Niger, accaparent l'or du Bourré et apportent tous ces produits, surtout l'ivoire et l'or, aux comptoirs européens où elles les échangent contre des produits de notre fabrication et du sel.

Il est aisé de voir par ce qui précède que tous ces produits du sol pourraient être plus importants. Les arbres à caoutchouc, les caféiers, cultivés, soignés par des Européens, se multiplieraient à l'infini et deviendraient une grande source de richesses, les troupeaux de bœufs considérables déjà s'accroîtraient encore. La culture du tabac donnerait d'excellents résultats. On se rend parfaitement compte du développement que ce pays peut atteindre avec l'aide du commerce et de la colonisation.

Le Fouta-Diallon est donc merveilleusement placé pour devenir une florissante colonie, où l'excédent de nos forces pourra s'épancher librement. Les colons qui iraient peupler ce pays, non seulement y trouveraient le nécessaire, mais même le superflu. Avec du courage, du travail et de l'énergie, les déshérités de la vieille Europe pourraient se créer des ressources multiples en cultivant les fertiles terres du Fouta.

Malheureusement, la population du Fouta-Diallon est d'une faible densité. En cherchant bien, on n'y trouverait pas un million d'habitants, et ce territoire est grand comme la France.

Des sentiers relient les villages les uns aux autres et suffisent aux besoins des habitants ; mais, si les Foulahs se servent un jour d'outils aratoires et de chariots, les moyens de communication s'agrandiront, se multiplieront, des routes convenables seront créées.

Un traité lie le Fouta-Diallon à la France ; il autorise

nos concitoyens à y établir des comptoirs et à cultiver le sol. Pourtant il ne faudrait pas pour cela conclure que nous n'avons qu'à nous y installer tranquillement comme nous irions le faire dans quelque coin perdu d'un département français.

On l'a vu au courant de ce livre, le Peulh est sociable, hospitalier, d'un commerce facile avec les blancs ; mais, comme tous les peuples primitifs, il est défiant à l'excès, et, par défiance, il pourrait quelquefois se livrer à des tracasseries fort gênantes. Il sera donc nécessaire, le jour où nos nationaux iront s'installer au Fouta, que notre gouvernement se fasse officiellement représenter, près de la cour de Timbo, par un commissaire chargé de régler les différends qui pourraient survenir entre les colons et les naturels. A cette condition, étant donné le caractère des Peulhs, on peut se porter garant du succès.

Le Bambouc, autrefois grand pays homogène, est aujourd'hui morcelé en petits Etats indépendants. S'il n'offre pas les mêmes conditions de salubrité que le Fouta-Diallon, ce n'en est pas moins un pays d'avenir. Le Bambouc n'est ni plus ni moins sain que le haut Sénégal. Lorsque la voie ferrée qui doit relier le Sénégal au Niger sera construite, si l'on tente des essais de colonisation dans cette contrée, il n'y a point de raison pour que l'on n'exploite pas le Bambouc.

Ce pays recèle des produits agricoles en quantité : riz, mil, maïs, fogné, coton, arachides, tabac, bois de teinture, etc., etc. De plus, l'or y est très abondant et deviendra l'objet d'une grande exploitation. Sans trop s'avancer on peut dire que, de la Gambie à la chaîne du Tambaoura, dans tout le bassin de la Falémée, en quelque endroit du sol que l'on pratique des fouilles, on y trouvera de l'or.

Tous les explorateurs qui, depuis Compagnon jusqu'à nos jours, se sont succédé au Bambouc, nous ont représenté ce pays comme le plus malsain que l'on puisse habiter. Il y a là beaucoup d'exagération.

Le Bambouc est un pays généralement plat; çà et là quelques mamelons de peu de hauteur rompent seuls la monotonie du paysage. Une unique chaîne de montagnes arides sépare ce pays de nos possessions du Sénégal. C'est la chaîne du Tambaoura, plateau de deux cents à deux cent cinquante mètres de relief au-dessus du fleuve et qui a environ soixante-dix kilomètres de largeur.

Il sera donc très facile de Bakel, de Kayes, de Médine ou de Bafoulabé de se rendre au Bambouc. Au pied de la chaîne du Tambaoura, on trouve les mines d'or de Sirimana et de Sadiola. La création de routes carrossables n'offrirait aucune difficulté, puisque le sol est le plus souvent plat. Mais en tout cas, le Bambouc est desservi par une voie naturelle d'une importance capitale : je veux parler de la rivière Falémée.

La Falémée, ou Faléma, le plus grand affluent du Sénégal, prend sa source au Fouta-Diallon sur le plateau du Labé. Elle arrose le Bambouc qu'elle sépare du Boundou et se jette dans le fleuve Sénégal à vingt kilomètres en amont de Bakel. Elle n'est pas navigable toute l'année pour les navires à vapeur; mais pendant la saison des hautes eaux, les avisos de la station de Saint-Louis remontent jusqu'à Sénoudébou. En 1859, le *Griffon*, aviso à roues, remonta même jusqu'à Farabana. Au delà de ce point, cette rivière est pour ainsi dire inconnue.

A Guéséba, où nous avons traversé la Falémée, elle n'a pas moins de cent cinquante mètres de largeur et elle est très profonde. Il est vrai que quelques roches se montrent au milieu du fleuve, en face du village même, mais pas de façon à empêcher la navigation. Guéséba, Farenkounda, Kérékoto sont des points où l'or est très commun; de plus, il est facile de se rendre, même actuellement, à l'aide de chariots, de ces points aux villages de l'intérieur. Il est donc très important de savoir si la Falémée est praticable pour des chalands de faible tirant d'eau, car la question des transports serait résolue.]

Comme celle du Fouta-Diallon, la population du Bambouc est très clairsemée; les guerres et les négriers en sont les causes. Il serait à souhaiter, afin de rétablir le calme dans ce pays, que tous ces Etats infimes fussent placés sous notre protectorat; ils ne pourraient plus se nuire. Faire la fédération du Bambouc, lui rendre son autonomie serait une œuvre humanitaire. Avec les Malin'ké du Bambouc, nous n'avons pas à nous heurter contre le fanatisme musulman. Ils sont ou fétichistes ou indifférents en matière religieuse et, pour ces raisons, ils seront moins rebelles que les croyants à l'influence de notre civilisation.

Un seul blanc, énergique, sévère même, mais d'une grande justice, entouré seulement d'une garde de vingt-cinq noirs, pour relever son prestige, et sûr d'être appuyé en cas de danger grave, pourrait maintenir la concorde entre tous ces seigneurs féodaux qui deviendraient les vassaux de la France, et l'abolition de l'esclavage ferait un pas de plus.

Il ne faut pas nous le dissimuler, l'esclavage est le plus grand obstacle à notre marche en avant. Les pires ennemis des explorateurs sont les négriers de toutes couleurs et les prêcheurs de guerre sainte. Les uns et les autres spéculent sur la chair humaine, ils savent que nous ne voulons pas d'esclaves, ils feront toujours leur possible pour nous empêcher de pénétrer dans l'intérieur : leur grenier à esclaves.

L'œuvre de l'abolition de l'esclavage trouvera dans le commerce et l'agriculture ses plus grands moyens d'action.

Les négociants assez audacieux pour porter leurs produits au milieu de ces peuplades pliées sous le joug de potentats cruels, non seulement y réaliseront de grands bénéfices, mais feront encore œuvre d'humanité et auront plus travaillé pour tuer l'esclavage que toutes les théories et les décrets émis jusqu'à ce jour.

Lorsque les naturels du Soudan, au lieu d'acheter près des courtiers noirs ou maures les produits qu'ils échangent exclusivement contre des esclaves, trouveront et le sel qui leur coûte si cher et les autres productions en échange seulement de ce que leur donne le sol, ils travailleront davantage pour satisfaire à leurs besoins et, dès qu'ils auront compris qu'avec une charrue et une paire de bœufs, deux hommes peuvent faire l'ouvrage de cinquante, l'esclavage mourra de lui-même.

Sans préconiser un système pour réduire cette question toujours pendante, je suis en droit de croire que, mieux que tout autre peuple de l'Europe, nous pouvons contribuer à l'abolition de l'esclavage. Nous sommes tolérants, notre caractère plait aux noirs, nous respectons les usages, les coutumes et les convictions religieuses. Parfois, il nous arrive bien de châtier, mais c'est pour faire respecter notre autorité et malgré cela les noirs ont de la sympathie pour nous.

Reprenant l'innovation du général Faidherbe, avec les écoles, nous élèverons les sentiments des noirs. Sans arrière-pensée, ils viendront s'asseoir autour d'un maître qui leur enseignera à parler français. Tout en développant l'intelligence des fétichistes, nous nous efforcerons, à l'aide de l'instruction, d'apaiser les rigueurs de l'Islamisme. Enfin, sous notre protection, ces pays fertiles se repeupleront et notre commerce trouvera là un grand débouché.

En vivant avec les noirs, j'ai appris à les connaître; j'ai pu apprécier leurs bonnes qualités, malheureusement enveloppées de coutumes barbares mais qui disparaîtront peu à peu. Je suis donc persuadé que le noir est un être facile à développer, susceptible d'un grand dévouement, et que l'action du blanc exercera sur lui une influence salutaire. Le tout est de savoir s'y prendre.

FIN

TABLE DES CHAPITRES

EMILE COLIN. — Imprimerie de Lagny.

31. ADOLPHE BELOT . . . . . *Hélène et Mathilde.*
32. HECTOR MALOT. . . . . . *Les Millions honteux.*
33. XAVIER DE MAISTRE. . . . *Voyage autour de ma Chambre.*
34. ALEXIS BOUVIER. . . . . *Le Mariage d'un Forçat.*
35. TONY RÉVILLON. . . . . *Le Faubourg Saint-Antoine.*
36. PAUL ARÈNE. . . . . . . *Le Canot des six Capitaines.*
37. CH. CANIVET. . . . . . *La Ferme des Gohel.*
38. CH. LEROY. . . . . . . *Les Tribulations d'un Futur.*
39. SWIFT. . . . . *Voyages de Gulliver.*
40. RENÉ MAIZEROY. . . . . *Souvenirs d'un Officier.*

41. ARSÈNE HOUSSAYE. . . . . *Lucie.*
42. *La Chanson de Roland.*
43. PAUL BONNETAIN. . . . . . *Au Large.*
44. CATULLE MENDÈS. . . . . *Pour lire au Bain.*
45. ÉMILE ZOLA. . . . . . . *Jacques Damour.*
46. JEAN RICHEPIN. . . . . . *Quatre petits Romans.*
47. ARMAND SILVESTRE. . . . *Histoires Joyeuses.*
48. PAUL DHORMOYS. . . . . . *Sous les Tropiques.*
49. VILLIERS DE L'ISLE-ADAM. *Le Secret de l'Échafaud.*
50. ERNEST DAUDET. . . . . . *Jourdan Coupe-Tête.*

51. CAMILLE FLAMMARION. . . *Rêves étoilés.*
52. MADAME J. MICHELET. . . *Mémoires d'une Enfant.*
53. THÉOPHILE GAUTIER . . . *Avatar.* — Fortunio.
54. CHATEAUBRIAND. . . . . . *Atala.* — René, Dernier Abencérage.
55. IVAN TOURGUENEFF. . . . *Récits d'un Chasseur.*
56. L. JACOLLIOT. . . . . . . *Le Crime du Moulin d'Usor.*
57. P. BONNETAIN. . . . . . *Marsouins et Mathurins.*
58. A. DELVAU. . . . . *Mémoires d'une Honnête Fille.*
59. RENÉ MAIZEROY. . . . . *Vavaknoff.*
60. GUÉRIN-GINISTY. . . . . *La Fange.*

61. ARSÈNE HOUSSAYE. . . . . *Madame Trois-Étoiles.*
62. CHARLES AUBERT. . . . . *La Belle Luciole.*
63. MIE D'AGHONNE. . . . . *L'Écluse des Cadavres.*
64. GUY DE MAUPASSANT. . . *L'Héritage.*
65. CATULLE MENDÈS. . . . . *Monstres parisiens* (nouvelle série).
66. CH. DIGUET. . . . . . . *Moi et l'Autre* (ouvrage couronné).
67. L. JACOLLIOT. . . . . . . *Vengeance de Forçats.*
68. HAMILTON. . . . . *Mémoires du Chevalier de Grammont.*
69. MARTIAL MOULIN. . . . . *Nella.*
70. CHARLES DESLYS. . . . . . *L'Abîme.*

71. FRÉDÉRIC SOULIÉ. . . . . *Le Lion Amoureux.*
72. HECTOR MALOT. . . . . . *Les Amours de Jacques.*
73. EDGAR POË. . . . . *Contes extraordinaires.*
74. EDOUARD BONNET. . . . . *La Revanche d'Orgon.*
75. THÉO-CRITT. . . . . *Le Sénateur Ignace.*
76. ROBERT-HALT. . . . . . . *Brave Garçon.*
77. JEAN RICHEPIN. . . . . . *Les Morts bizarres.*
78. TONY RÉVILLON. . . . . *Noémi.* — La Bataille de la Bourse.
79. TOLSTOI. . . . . *Le Roman du Mariage.*
80. FRANCISQUE SARCEY. . . . *Le Siège de Paris.*

81. HECTOR MALOT. . . . . . *Madame Obernin.*
82. JULES MARY. . . . . *Un coup de Revolver.*
83. GUSTAVE TOUDOUZE. . . . *Les Cauchemars.*
84. STERNE. . . . . *Voyage Sentimental.*
85. MARIE COLOMBIER. . . . . *Nathalie.*

TANCRÈDE MARTEL. . . . *La Main aux Dames.*
ALEXANDRE HEPP. . . . . *L'Amie de Madame Alice.*
CLAUDE VIGNON. . . . . . *Vertige*
ÉMILE DESBEAUX. . . . . *La Petite Mendiante.*
CHARLES MÉROUVEL. . . . *Caprice des Dames.*

MADAME ROBERT HALT. . . *La Petite Lazare.*
ANDRÉ THEURIET. . . . . *Lucile Désenclos.* — Une Ondine.
EDGAR MONTEIL. . . . . . *Jean des Galères.*
CATULLE MENDÈS. . . . . *Le Cruel Berceau.*
SILVIO PELLICO. . . . . . *Mes Prisons.*
MAXIME RUDE. . . . . . . *Une Victime de Couvent.*
MAURICE JOGAND (Marc-Mario). *L'Enfant de la Folle.*
EDOUARD SIEBECKER. . . . *Le Baiser d'Odile.*
VALLERY-RADOT. . . . . . *Journal d'un Volontaire d'un an* (ouv. couronné).
VOLTAIRE. . . . . *Zadig.* — Candide. — Micromégas.

CAMILLE FLAMMARION. . . *Voyages en Ballon.*
HECTOR MALOT. . . . . . *Cara.*
ÉMILE ZOLA. . . . . *Nantas.*
4. MADAME LOUIS FIGUIER. . *Le Gardian de la Camargue.*
5. ALEXIS BOUVIER. . . . . . *Les Petites Ouvrières.*
GABRIEL GUILLEMOT. . . . *Maman Chautard.*
7. JEHAN SOUDAN. . . . . . *Histoires américaines* (illustrées).
8. GASTON D'HAILLY. . . . . *Fleur de pommier.*
9. IVAN TOURGUENEFF. . . *Premier Amour.*
0. OSCAR MÉTÉNIER. . . . *La Chair.*

1. GUY DE MAUPASSANT. . *Histoire d'une Fille de Ferme.*
2. LOUIS BOUSSENARD. . . . *Aux Antipodes.*
3. PROSPER VIALON. . . . . *L'Homme au Chien muet.*
4. CATULLE MENDÈS. . . . . *Pour lire au Couvent.*
5. MIE D'AGHONNE. . . . . . *L'Enfant du Fossé.*
6. ARMAND SILVESTRE. . . . *Histoires folâtres.*
DOSTOIEWSKY. . . . . . . *Ame d'Enfant.*
8. ÉMILE DE MOLÈNES. . . *Pâlotte.*
9. ARSÈNE HOUSSAYE. . . . *Les Larmes de Jeanne.*
ALBERT CIM. . . . . *Les Prouesses d'une Fille.*

1. HECTOR MALOT. . . . . . *Le Mari de Charlotte.*
2. ÉMILE ZOLA. . . . . . . *La Fête à Coqueville.*
3. CHAMPFLEURY. . . . . . *Le Violon de faïence.*
4. A. EXCOFFON. . . . . . . *Le Courrier de Lyon.*
LÉON CLADEL. . . . . . . *Crête-Rouge.*
6. MAXIME RUDE. . . . . . *Le Roman d'une Dame d'honneur.*
7. PIGAULT-LEBRUN . . . . *Monsieur Botte.*
8. CH. AUBERT. . . . . . . *La Marieuse.*
9. C. CASSOT. . . . . *La Vierge d'Irlande.*
0. CHARLES MONSELET. . . . *Les Ruines de Paris.*

ALPHONSE DAUDET. . . . *Les Débuts d'un Homme de Lettres*
LOUIS NOIR. . . . . *La Vénus cuivrée.*
ALPHONSE DE LAUNAY. . . *Mademoiselle Mignon.*
ALFRED DELVAU. . . . . . *Le grand et le petit Trottoir.*
5. MARC DE MONTIFAUD. . . *Héloïse et Abailard.*
6. TONY RÉVILLON. . . . . . *L'Exilé.*
7. AD. BELOT ET E. DAUDET. . *La Vénus de Gordes.*
8. PAUL SAUNIÈRE. . . . . . *Vif-Argent.*
9. MADAME JUDITH GAUTIER. *Les Cruautés de l'Amour.*
0. DUBUT DE LAFOREST. . . *Belle-Maman.*

141.	PAUL ARÈNE.	*Nouveaux Contes de Noël.*
142.	ARSÈNE HOUSSAYE.	*La Confession de Caroline.*
143.	ALEXIS BOUVIER.	*Mademoiselle Beau-Sourire.*
144.	CHARLES LEROY.	*Le Capitaine Lorgnegrut.*
145.	L. BOUSSENARD.	*10.000 ans dans un bloc de glace.*
146.	ÉLIE BERTHET.	*Le Mûrier blanc.*
147.	F. CHAMPSAUR.	*Le Cœur.*
148.	RENÉ MAIZEROY.	*Souvenirs d'un Saint-Cyrien.*
149.	GUÉRIN-GINISTY.	*Les Rastaquouères.*
150.	AURÉLIEN SCHOLL.	*Peines de cœur.*
151.	CAMILLE FLAMMARION. . .	*L'Éruption du Krakatoa.*
152.	ALEXANDRE DUMAS. . . .	*La Marquise de Brinvilliers.*
153.	G. COURTELINE.	*Madelon, Margot et Cie.*
154.	CATULLE MENDÈS.	*Pierre le Véridique*, roman.
155.	CH. DESLYS.	*Les Buttes Chaumont.*
156.	AD. BELOT ET J. DAUTIN. .	*Le Secret terrible.*
157.	GASTON D'HAILLY.	*Le Prix d'un Sourire.*
158.	MAXIME DU CAMP.	*Mémoires d'un Suicidé.*
159.	RENÉ MAIZEROY.	*La Dernière Croisade.*
160.	POUCHKINE.	*Doubrovsky.*
161.	HENRI MURGER.	*Le Roman du Capucin.*
162.	LUCIEN BIART.	*Benito Vasques.*
163.	BENJAMIN CONSTANT. . . .	*Adolphe.*
164.	MADAME LOUIS FIGUIER. .	*Les Fiancés de la Gardiole.*
165.	ARMAND SILVESTRE. . . .	*Malma.*
166.	VAST-RICOUARD.	*Madame Lavernon.*
167.	ALEXIS BOUVIER.	*Les Pauvres.*
168.	JULES GROS.	*Un Volcan dans les Glaces.*
169.	ALFRED DELVAU.	*Du Pont des Arts au Pont de Kel.*
170.	VICTOR MEUNIER.	*L'Esprit et le Cœur des Bêtes.*
171.	ADOLPHE BELOT.	*Le Pigeon.*
172.	NIKOLAI GOGOL.	*Les Veillées de l'Ukraine.*
173.	JULES MARY.	*Un Mariage de confiance.*
174.	LÉON TOLSTOI.	*La Sonate à Kreutzer.*
175.	—	*Lettres choisies de Madame de Sévigné.*
176.	FERDINAND DE LESSEPS. .	*Les Origines du Canal de Suez.*
177.	LÉON GOZLAN.	*Le Capitaine Maubert.*
178.	CH. D'ARCIS.	*La Correctionnelle pour rire.*
179.	ERNEST DAUDET.	*Le Crime de Jean Malory.*
180.	ARMAND SILVESTRE. . . .	*Rose de Mai.*
181.	ÉMILE ZOLA.	*Madeleine Férat.*
182.	PAUL MARGUERITTE. . . .	*La Confession posthume.*
183.	PIERRE ZACCONE.	*Seuls !*
184.	BEAUTIVET.	*La Maîtresse de Mazarin.*
185.	EDOUARD LOCKROY. . . .	*L'Ile révoltée.*
186.	ALEXIS BOUVIER.	*Les Petites Blanchisseuses.*
187.	ARSÈNE HOUSSAYE.	*Julia.*
188.	ALEXANDRE POTHEY. . . .	*La Fève de Saint-Ignace.*
189.	ADOLPHE BELOT.	*Le Parricide.*
190.	EUGÈNE CHAVETTE. . . .	*Le Procès Pictompin.*

En jolie reliure spéciale à la collection 1 fr. le volume.

(Envoi franco contre mandat ou timbres-postes)

AVIS DE L'ÉDITEUR

Le but de la collection des *Auteurs célèbres*, à 60 *centimes* le volume, est de mettre entre toutes les mains de bonnes éditions des meilleurs écrivains modernes et contemporains.

Sous un format commode et pouvant en même temps tenir une belle place dans toute bibliothèque, il paraît chaque quinzaine un volume.

CHAQUE OUVRAGE EST COMPLET EN UN VOLUME

POUR LES Nos 1 A 220, DEMANDER LE CATALOGUE SPÉCIAL

221. ALEXANDRE DUMAS, **Les Borgia.**
222. BERTOL-GRAIVIL, **Dans un Joli Monde** (Les deux criminels).
223. BERTOL-GRAIVIL, **Venge ou Meurs** (Les deux criminels).
224. ALFRED BONSERGENT, **Monsieur Thérèse.**
225. CHARLES DESLYS, **L'Aveugle de Bagnolet.**
226. GEORGE DE PEYREBRUNE, **Jean Bernard.**
227. OSCAR MÉTÉNIER, **Myrrha-Maria.**
228. G. COURTELINE, **Les Facéties de Jean de la Butte.**
229. L. BOUSSENARD, **Chasseurs Canadiens.**
230. YVES GUYOT, **Un Fou.**
231. ALEXANDRE DUMAS, **Marie Stuart.**
232. TANCRÈDE MARTEL, **La Parpaillotte** (Mœurs de province).
233. THÉO-CRITT, **Le Régiment où l'on s'amuse.**
234. CATULLE MENDÈS, **Isoline.**
235. ALFRED DELVAU, **Les Cocottes de mon Grand-père.**
236. JEAN REIBRACH, **La Femme à Pouillot.**
237. GEORGES COURTELINE, **Boubouroche.**
238. DANTE, **L'Enfer.**
239. EDOUARD MONTAGNE, **La Bohème camelotte.**
240. CHARLES DICKENS, **La Terre de Tom Tiddler.**
241. FRANCIS ENNE et FERNAND DELISLE, **La Comtesse Dynamite.**
242. ERNEST NOIROT, **A Travers le Fouta-Diallon et le Bambouo.**
243. JULES MARY, **Le Boucher de Meudon.**
244. PIERRE DELCOURT, **Le Secret du Juge d'Instruction.**
245. ISMAEL HUCHER, **La Belle Madame Pajol.**

En jolie reliure spéciale à la collection, 1 fr. le v

(ENVOI FRANCO CONTRE MANDAT OU TIMBRE

PARIS. — IMP. MARPON ET FLAMMARION, RUE RACINE,

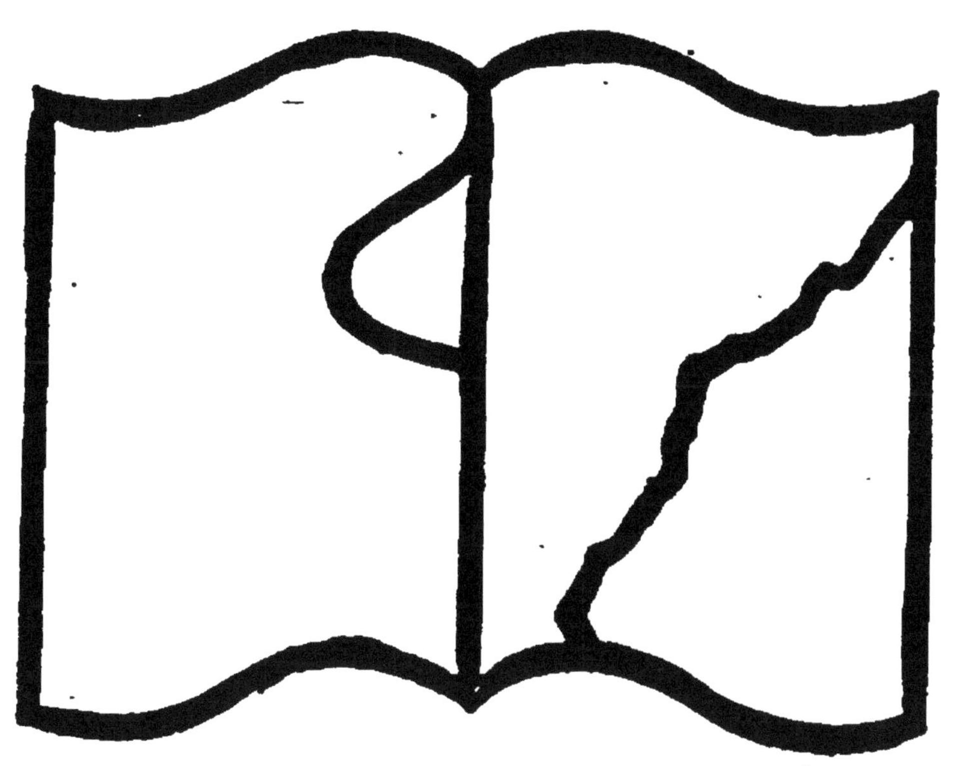

www.ingramcontent.com/pod-product-compliance
Ingram Content Group UK Ltd.
Pitfield, Milton Keynes, MK11 3LW, UK
UKHW020114200726
13856UKWH00002B/539